ALDO MANUZIO.

LETTRES ET DOCUMENTS

1495-1515

ARMAND BASCHET COLLEXIT ET ADNOTAVIT.

SUMPTIBUS ANTONII ANTONELLI.

VENETIIS

EX ÆDIBUS ANTONELLIANIS

MDCCCLXVII

MENSE APRILIS

A

MONSIEUR HENRI PLON

A PARIS.

Mon cher Monsieur Plon.

*Non seulement des lettres d' Alde l' Ancien sont cho-
ses si rares que les collections autographes les plus célèbres
en sont privées, mais encore les plus simples documents
pour servir à l' histoire de sa vie sont aussi rares que
ses lettres.*

Vous aurez certainement consulté les Annales de
l' imprimerie des Alde, *ce beau et bon livre d' Augustin
Renouard.*

*Vous aurez donc remarqué combien cet ouvrage, fruit
de tant de recherches, est néanmoins parcimonieux de
preuves personnelles et de documents intimes relatifs au
chef illustre de la famille dont les presses ont honoré
la grande et active Venise du seizième siècle, par les éditions si soignées, dites* Aldines, *qu' elles ont produit.*

*Voici des lettres du vieil Alde, voici quelques pièces
écrites concernant soit sa personne, soit quelques uns des
livres imprimés dans sa maison.*

ALDO MANUZIO.

813

LETTRES ET DOCUMENTS

1495-1515

ARMAND BASCHET COLLEGIT ET ANNOTAVIT

SUMPTIBUS ANTONII ANTONELLI

VENETIIS

EX AEDIBUS ANTONELLIANIS

MDCCCLXVII

MENSE APRILIS

La rencontre que j'en ai faite est une de ces bonnes fortunes, qui sont les charmes et les satisfactions de la vie du chercheur et du curieux, et que tous les amis des livres comprendront.

J'ai pensé qu'il serait bienséant et de bon goût à un auteur reconnaissant d'offrir à son éditeur affectionné ces quelques lettres de Messer Alde Manuce. C'est à ce titre que je vous les adresse. J'ai pensé que, parties de Venise, centre des travaux d'Alde, votre ancêtre en profession, pour aller vous trouver à Paris, où sont vos presses, vous leur feriez l'accueil aimable qu'un cœur bien placé ne manque pas de faire à des choses de famille.

Antoine Antonelli votre confrère à Venise, qui avec Joseph son père, a fait sculpter un buste d'Alde l'Ancien placé dans la galerie du Palais Ducal où conduit l'escalier des géants et où s'élève l'escalier doré, a tenu à honneur d'imprimer cet opuscule.

Nous avons voulu qu'il fût chose rare : le peu d'exemplaires que nous avons mis au jour nous permettra de satisfaire aisément à un désir de cette nature. Nous n'avons d'ailleurs destiné la possession de ce libriccino qu'aux mains des amis que nous nous connaissons dans la République des bibliophiles. Ainsi, point d'exemplaire abandonné aux hasards ou aux faveurs du commerce. Ce petit livre est notre bien pour servir uniquement à nos hommages.

Mon ambition eut été de vous présenter un nombre plus imposant de pièces intéressantes, aussi n'ai je épargné ni temps ni patience pour rendre la moisson plus florissante. Le bouquet est modeste, mais si vous reconnaissez qu'il n'est pas sans parfum, il me semble que je devrai tenir pour bien récompensés les quelques soins qu'il a exigés

Ces lettres et documents touchant la personne de Messer Aldo — on le désignait de la sorte en son temps — traitent de choses diverses. Ici, sont exposées ses demandes de priviléges pour la propriété de ses inventions, là se retrouvent les témoignages du soin extrême qu' il apportait au fini et au bel aspect de ses éditions ; là encore, il est question des exemplaires sur vélin ou sur papier de choix désirés par la belle et sympathique Isabelle d' Est, Marquise de Mantoue, dilettante incomparable d' objets rares et précieux.

*Un jour de l'année 1500, Messer Aldo fut le mélancolique héros d'une aventure singulière de laquelle il a dit deux mots dans la préface de l'*HORATIVS *de 1509 qu' il a dédiée au Président du Dauphiné. Comme il revenait du pays de Lombardie où il était allé pour s' enquérir de certains manuscrits et confronter les textes des œuvres de Virgile qu' il voulait imprimer, il eut à faire avec le guet de Monsieur de Mantoue. Trop enveloppé dans son manteau de voyage, ayant à ses côtés son compagnon de route dont la plume rose et verte du chapeau flottait au vent, chevauchant aux frontières du marquisat, ayant en croupe ses valises grosses des manuscrits qu' il avait rencontrés sur terre lombarde, un concours de circonstances disgracieuses le firent prendre pour ce qu' il n' était point, pour un malfaiteur, veux-je dire, Messer Aldo fut arrêté. Sa captivité ne fut, il est vrai, qu'éphémère, mais elle ne lui causa pas moins une grande honte, et pour trois ou quatre jours, cet honnête homme eut fort à souffrir. Voulant illustrer les œuvres de Virgile qui fut de Mantoue, il lui avait paru cruel, loin d' être protégé sur ce territoire, d' avoir eu à subir quelque violence. Or, cette aventure est tout au* *long narré dans le cours des lettres suivantes, réunies par mes soins. Le cas de Messer Aldus demeuré jusques alors assez inexpliqué par ses biographes se trouve ainsi mis en lumière par son propre récit et par le rapport des officiers du guet, qui doutant que sous le masque d'un honnête homme à la chasse des manuscrits d'un poëte, il ne fût un coquin, l'avaient fait prisonnier.*

J'ai clos la série de ces documents familiers par la production du testament du célèbre typographe d'après l'autenthique qui est à Venise, et vous serez d'avis, mon cher Monsieur Plon, que Messer Aldo est mort en vrai grand imprimeur, pénétré de ce sentiment que s'il avait beaucoup fait pour la beauté des caractères d'imprimerie, il n'était pas moins du devoir de ses successeurs de perfectionner ceux qu'il avait confiés au travail de Messer Julio Campagnola son graveur. Tel fut, après qu'il eût recommandé son âme à Dieu, à la Vierge Glorieuse et à toute la Céleste Curie, le dernier désir exprimé par cet honnête et grand artisan.

Je fis en 1865 un long séjour à Mantoue. Pendant des mois remplis abondamment par les occupations studieuses que j'affectionne, les papiers des Princes de la maison de Gonzague m'ont été libéralement communiqués. Mes recherches dans le vieux château où ils étaient conservés ont été fortunées. Ce fut de là que je tirai les lettres si intéressantes de Pierre-Paul Rubens au moyen desquelles ses historiens sauront désormais dire comment se sont passées neuf années de sa jeunesse active au service du Prince de Mantoue; ce fut là que je rencontrai des correspondances si attractives par les détails intimes qu'entretenaient les seigneurs de cette maison de Gonzague qui ont eu, soit à la Cour de l'Empereur, soit à la Cour de France, soit en la Maison de Loraine, puis chez les Médicis, et ailleurs, des alliances et des intelligences dont la pénétration est d'un si grand attrait. Ces princes se dédommageaient de la modestie forcée de leur influence en politique par des intrigues de cabinet qui nécessitaient à tous momens d'importantes écritures. Aussi, est ce pour cela que souvent, c'est faire œuvre de prudence que de ne pas dédaigner d'ouvrir les portefeuilles délaissés des petites Cours . . . . Mais laissons là les mystères politiques, nous en traiterons ailleurs et bien au long. . . Et pour ne point sortir des limites plus humbles de ce modeste hommage, permettez que je termine, en vous disant que c'est aussi de Mantoue que vient la plus grande part de ces quelques pièces, lettres, et documents concernant Alde l'Ancien, le grand imprimeur qui, pendant les vingt ans qu'il a exercé à Venise sa profession admirable, s'est acquis un nom dont trois siècles ont assuré la gloire.

Je suis,
Mon cher Monsieur Plon,
Votre très affectionné et très dévoué
ARMAND BASCHET.

Venise Casa Zucchelli.
Le jour de Pâques, 21 avril 1867.

INDEX.

———

APPENDICE.

I.

Messer Aldo « Romano » (1), à la date du 25 février 1495, étant arrivé à former et à fondre d'intéressans et remarquables caractères grecs pour servir à l'impression de œuvres des auteurs anciens, demande à la Seigneurie de Venise qu'elle lui veuille accorder un privilège de vingt années pour l'emploi et le bénéfice de son invention. La très heureuse (felicissima) *cité de Venise y trouvera honneur et utilité. Il demande aussi à la dite Seigneurie que le privilège qu'il attend d'elle, s'étende à interdire l'impression, la réimpression et la vente, par autre que par lui, d'aucuns de ses livres grecs, tant ceux avec ou sans préface latine que ceux traduits de la langue grecque en langue latine et non imprimés auparavant.*

Humiliter et reverenter exponitur per nome di *Aldo Romano* habitador in questa inclita Città : Cunciosiache havendo facto intagliar *lettere greche* in summa belleza de ogni sorte in questa terra, ne le qual habbia consumato gran parte della sua facultà cum speranza de doverne qualche volta conseguir utilità, et za molti anni chel ha consumadi nel intaglio de le dicte lettere, habia trovato, per la dio gratia, doi novi modi, cum i qual *stampira*, si ben, et molto meglio in grecho de quello che se scrive a penna. Cossa che sarà de summo honor,

(1) Pour la désignation du nom d'Alde Manuce dans le sommaire de chacun de ces documents relatifs à la personne du célèbre imprimeur, nous la donnons telle que nous la rencontrons dans chaque document manuscrit. Nous prions donc le lecteur de ne se pas étonner de trouver des variantes à cet égard, et de lire tantôt *Aldo Romano*, tantôt *Aldus Romanus* et d'autre fois *Aldus Pius Romanus*.

utile et commodità a questa felicissima città. Temendo
lui supplicante che per invidia non li sia facto concorrentia ; et che altri habbia el fructo di sui secreti et fatiche (¹), et lui ne receva grandissimo danno, supplica la
Signoria vostra se degni concederli de gratia che tutti
i libri greci, cussì cum la exposition latina, come senza,
et latini traducti de greco non stampadi altra volta che
lui supplicante stampirà, o farà stampir, niuno altro
non li possa restampar, ne far restampar ne portar ne
far portar stampadi nel Dominio, et lochi de la Illustris.ᵃ
Signoria Vostra per fino ad anni XX ne usar di secreti de lui supplicante ne portar libri venali impressi
cum epsi secreti nel dicto dominio fra il dicto tempo
sotto pena de perder le opere et de Ducati X per cadauna opera, la qual pena sia applicada per la mità al
hospedal de sant'Antonio et per l'altra mità a la affran-
cation del monte nuovo. Et questo dimanda de gratia
a la Serenità Vostra a la qual sempre se raccomanda (²).

Die XXV febbruarij 1495 (³).

---

(1) Pour le premier, le second et le troisième *grec* employé par
Alde l'Ancien, voyez l'excellent ouvrage de Renouard: *Annales de
l'imprimerie des Alde.* Troisième édition, page 405 (Paris 1834).

(2) *Quod supplicanti concedatur ut petitur.*

(3) 1495 *More veneto*, mais 1496 selon le mode de dater aujourdhui.
Le premier jour de l'année à Venise était le premier mars. Archives
de Venise. *Notatorio* del Collegio. *Registro*: Années 1489-1498. Voyez
à l'Appendice notre note sur ces registres dits *Notatorii del Collegio* et
sur l'intérêt qu'il y aurait à en extraire tous les détails relatifs à
l'histoire de l'imprimerie et de la librairie sur la fin du quinzième
siècle vénitien.

II.

*Supplique de Messer Aldo « Romano » adressée à la Sé-
rénissime Seigneurie. Il s' applique,* TUTIS VIRIBUS, *à faire que
les belles lettres soient goûtées en cette trés célèbre ville non
moins que les arts libéraux. Aussi, depuis huit ans environ, il
s' occupe de l' impression des plus beaux ouvrages grecs, propres à honorer les dites lettres et les dites sciences. Persévérant
en ses bonnes intentions, il a résolu d'imprimer des ouvrages
qui ne l'ont jamais été ouparavant, ainsi les* DISCOURS DE DE-
MOSTHÈNE, *les Écrits de* PLUTARQUE *et de* XENOPHON, *des* COM-
MENTAIRES SUR ARISTOTE, *etc*

Serenissimo principe et Illustrissima Signoria. Exer-
citandosi de continuo *tutis viribus* Aldo Romano habitatore in questa celeberrima città che a li tempi nostri
vengano fuora le bone lettere, et la vera scientia de le
arte liberale, et maxime de la medicina, cossa molto
necessaria alla vita humana, li è parso non esser loco
più apto a tal suo laudevol proposito da questa excellentissima città, per la qual cossa hora sono cerca octo
anni chel se operato a questo effecto a laude et utile
de questa Inclita Città, facendo stampare libri in greco
bellissimi, et molto necessarj per vegnire ala cognitione
de le suprascripte facultà et scientie.

Perseverando adoncha nel suo bono proposito ha
constituito stampare li infrascritti libri greci non mai
più stampati zoe il *Svida* (¹), le *oration de Demostene* (²),

(1) L'impression n'en eut lieu qu'en 1514 avec un titre tout grec et
sans version latine. Voyez *Renouard*, page 70 des *Annales* etc. (Edit. 1834).
(2) Imprimé en 1503: *Demosthenis orationes duæ et sexayinta*. Il y
eut deux éditions la même année, la première sur un papier admirable.

la *Rethorica de Hermogene* ([1]), le *opere de Plutarcho* ([2]),
et *Xenophonte* ([3]), li *commenti sopra le opere de Ari-
stotele, Dioscorides* ([4]) *Stephano de verbibus* ([5]) . . . .

(1) Impression en 1508. Deux volumes. In-fol. moyen, RHETORES GRÆCI. *Hermogenis ars Rhetorica* se trouve dans le tome premier et forme le second article.

(2) Alde l'ancien n'a pas publié d'œuvres complètes de Plutarque selon l'intention qu'il avait peut-être alors, mais il a imprimé certaines des biographies dues au célèbre auteur dans les éditions de différentes œuvres: ainsi la *vie d'Homère* avec l'HOMÈRE (1504), la *vie de Demosthène* avec le DEMOSTHÈNE (1504).

(3) Imprimé en 1503. *Xenophontis omissa :* quæ et græca gesta appellantur. *Venetiis* in *Aldi* Neacademia mense octobri M.D.III. In-fol.

(4) *Pedacii Dioscoridis Anazarbei* de materia medica libri sex, etc. Titre grec sans version latine, avec épigramme grecque. Préface latine d'Alde dédiée à H. Donato Venitien. Juillet 1499. Edition classée parmi celles dites *Princeps:* rare, très belle et très désirée par les grands curieux.

(5) Stephanus de Vrbibus. *Græce.* In-fol. 80 feuillets non chiffrés. Janviez 1502.

Archives de Venise. *Notatorio* Collegio. 6 decembre 1498. La transcription de cette supplique n'a évidemment pas été terminée. Le reste de la feuille en parchemin sur laquelle le Sécrétaire du Conseil a reproduit ou rédigé la demande de Messer Aldo, est en blanc. La preuve qu'il se proposait d'en enregistrer la suite, c'est qu'en marge, et au point où il s'est arrêté, il a écrit ces mots: *nil scribatur*.

III.

Aldo « Romano » très fidèle serviteur de la Seigneurie de Venise, a réuni avec l'aide de quelques très dévoués Religieux [1] les LETTRES *de* SAINTE CATHERINE DE SIENE, « *ouvrage admirable, dit il, et tout plein de l'esprit saint et de bien utiles enseignemens* [2] ». *Il les imprime présentement* « CUM SUMMA DILIGENTIA ET DE BELLISSIMA LETTERA », *il demande à l'illustrissime Seigneurie de lui accorder le privilége de vente et d'impression pour dix ans, sur le territoire de la République. Messer Aldo détermine les amendes qui devront être encourues par les délinquants*

Serenissimo principe, et Illustrissima Signoria. Se expone per el vostro fidelissimo servitore Aldo romano, che havendo congregato insieme per mezo de devotissimi religiosi le *epistole* de *Sancta Katherina de Sena* cum gran fadiga, et spesa per esser sparse in diverse parte de Italia : Le quali serano volume de circa cinquanta quaterni, opera admirabile, e piena de Spirito Sancto, e utilissimi amaestramenti, e stampando al presente ditta utilissima et Santissima opera cum summa diligentia, et de bellissima lettera, et temendo che poi stampato il libro da lui cum tanta cura adunato, altri trovando la cosa fatta senza alcuna loro fadiga li facia concorrentia : Supplica humilmente alla Illustrissima Signoria Vostra che a niuno altro sia licito stampare,

(1) Parmi lesquels frère Bartholomeo de Alzano de Bergame, de l'ordre des Frères Prêcheurs. Voyez l'avis donné par Alde sur le titre.

(2) Impression datée du 15 septembre 1500 : elle a été faite sur deux sortes de papier.

o, fare stampare, o, daltrove portare, o, far portare a
vendere le ditte epistole in questa Inclyta Città, et altre
terre, et luogi de la Vostra Illustrissima Signoria da
questo dì fino X anni, sotto pena de perdere li libri, et
ducati uno per chadauna opera: et che chadauno officio
de questa Inclyta Città, dove serà fatta la conscientia
possa exequire, et scuoder ditta pena, la mità de la qual
sia de la Pietà, et laltra del ditto officio : et alla Illustrissima Signoria Vostra humiliter se recommanda (¹).

(1) On lit-andessous de la transcription la signification rapide de
la concession du privilège : MCCCCG. Die XXIIJ. Julij

« Deliberatum fuit, et terminatum per Infrascriptos Dominos Con-
siliarios quod fiat ut petitur.

Consiliarij.

Ser Baldasar Trivisano
Ser Lucas Zeno
Ser Joannes Maurogeno
Ser Petrus Contareno
Ser Dominicus Bollanus et
Ser Antonius Trono.

Archives de Venise, *Notatorio* del Collegio. Registro 1499-1506,
c. 28, t.°

IV.

Messer Aldo « Romano » habitant à Venise depuis nombre d'années a fait graver un caractère CORSIVO *et* CANCELLARESCO *de la plus grande beauté et demeuré inconnu jusques à lui, il demande l'absolu privilège d'en faire usage pendant dix ans. Il imprime présentement* SEDULIUS, JOUVENCE, PRUDENCE *poëtes latins anciens, puis* SAINT GREGOIRE DE NAZIANZE *et* SAINT JEAN DE DAMAS *qu'il a traduits du grec en langue latine ; son désir serait que la Sérénissime Seigneurie lui en accordât la propriété littéraire pour dix années également.*

Serenissimo Principe et Excelsa Signoria. Perchè Aldo Romano habitatore za molti anni in questa nostra Cità ha facto intagliare una *lettera Corsiva*, et *Cancellaresca* de summa belleza non mai più facta. Supplica che per diexe anni a niuno altro sia lecito *stampare in lettera corsiva* de niuna sorta nel Dominio di Vostra Serenità ne portare, et vender libri stampati da terre aliene in loco alcuno de esso nostro Dominio *cum dicta lettera corsiva*, sotto pena a chi contrafarà de perder i libri, et duxento ducati per cadauna volta, che contrafacesse qual pena sia per uno terzo de quello officio dove serà facta la conscientia, per laltro terzo de la Pietà; per l'altro del accusador, et che dicta conscientia possa esser facta a qualunche offitio de questa Excellentissima Cità dove parerà al accusador. Et perchè al presente, stampa *Sedulio, Jurenco, Aratore, Prudentio*, poeti Latini,

et antiqui (¹), et similiter *in greco* in versi *Nonno* (²),
San Gregorio Nazanzeno (³) et *San Joanne Damasceno* (⁴),
li quali *lui traduce in Latino*, Supplica a Vostra Signoria se degni conciedergli gratia che poy compito de
stampare dicti libri per fina diese anni a niuno altro
sia licito restamparli nel dicto Dominio nostro ne portarli
stampati a vendere da terre aliene in niuno loco del Dominio nostro, sotto pena come è sopra dicto. Et questo
dimanda di gratia a Vostra Illustrissima Signoria la
quale supplica se ricommanda, et prega che dicti libri
facti per lui in lettera corsiva niuno possa restampar de
niuna sorta lettere in forma minor de quarto de foglio
commun sotto pena ut supra (⁵).

---

(1) Poetæ christiani veteres, 1501-2. Deux volumes in 4.° Voyez
l'intéréssante et minutieuse description de cette rare et charmante
collection par Renouard; elle est une des plus soignées dans son beau
livre sur les Alde. Page 24. Edit. 1834.

(2) *Nonnus Panopolita in Joannem:* n'a pas paru.

(3) *Gregorii Nazenzeni Carmina cum versione latina.* Impression
datée de Juin 1504. In-4.°

(4) Voyez l'edition des Poetæ christiani etc. « *Hæc græce, can-
tica Joannis Damasceni in Theogoniam, Epiphaniam, etc.* »

(5) Archives de Venise. Die XXIIJ. Mareij 1501. *Notatorio Collegio.*

« Infrascripti Domini Consiliarij Terminarunt, et decreverunt quod
prædicto Supplicanti concedatur prout petitur et committunt obedien-
cia suprascripte deliberationis et Terminationis Magnifici Domini Ca-
pitibus Excellentis.mi consilij X.mo.

Consiliarij.
Ser Dominicus Marinus
Ser Petrus Duodo
Ser Andreas Venerio
Ser Marcus Sanutus
Ser Jacobus Mauro Viceconsiliarius.

V.

*Un Messer Lorenzo « da Pavia » résidant à Venise et ami
d'Alde Manuce, correspondant habituel de la Marquise de Mantoue qui avait fait de lui son messager familier auprès des
peintres, des graveurs et des antiquaires, répond à la Marquise, Isabelle d'Est, sur le fait des livres qu'elle lui a demandé
dans une lettre précédente, parmi les quels le VIRGILE, le PE-
TRARQUE et l'OVIDE sur beau papier. Il est allé à la maison de
maître Aldo, imprimeur de ces livres, en petits caractères et en
lettres canzelaresche les plus belles que l'on vît jamais, et
inventées par lui fondateur de la première imprimerie pour
les livres grecs, et son bien cher ami. Pour le moment, on ne
peut avoir que le VIRGILE sur papier de choix ; le PETRARQUE
sera terminé dans dix jours; on n'en tire que quinze exemplaires sur le dit papier et on les a tous reliés. La Marquise
aura un exemplaire du PETRARQUE, en dehors des quinze sus-
dits, tiré feuille à feuille, et il sera le plus beau. D'ailleurs,
Messer Pietro Bembo est avec maître Aldo, c'est lui qui dirige
l'impression du PETRARQUE et il est bon serviteur de la Marquise. L'édition se fait d'après le manuscrit original du poëte,
appartenant à un Padouan. Le PETRARQUE fini, on imprimera
le DANTE; et l'OVIDE sera mis en main à la fin de septembre.
Ainsi la Marquise devra recommander à celui qui lui recherche son papier de trouver des feuilles avec telles et telles
qualités. Que la Marquise le laisse faire pour avoir de belles
choses, il veut qu'elle en ait d'incomparables tout comme il
convient à elle qui est incomparable. Le VIRGILE et le PETRAR-
QUE se vendront trois ducats l'exemplaire.*

Illustrissima Madona, per una vostra o visto como
quela vorebe li mandasse questi libri cioè el *Virgilio*
et *Petrarcha* e *Lovidio* in carta bona et io subito andai
a casa de Mastro Aldo quelo che stampa i dicti libri
cum forma picola e in letera *canzelarescha* la più bela

vedese mai et e quelo che fu ancora inventore de la prima stampa greca molto mio caro amicho. Al presente no se po avere se non el *Vergilio* in carta bona (¹) : così con queste ve lo mando. Del *Petrarcha* ancora non e finito et a bono termine mano dito che fra X giorni sara finito e non ano fato in carta bona se non cerca 15, li quali li avevano alegati. E questo e stato per calestria de carte bone, et con dificultade ano trovado queste poche così in li *Vergilii* como in li *Petrarcha:* siche la Signoria vostra avra uno de dicti *Petrarcha* e a me promise de servirme fora de quali 15 a foio per foio acio che la S. Vostra abia el piu belo, tanto più che e in compagnia di dicto maestro m.r pero Bembo el quale e stato quelo a fato stampare diti *Petrarcha* (²), e che e aficionatissimo a la S. vostra. E se a avuto el *Petrarcha* proprio de man del Petrarcha coscrito de sua mano e o lo avuto in mane ancora io. Et e de uno padovano che la stima asai si che lano stampato a letera per letera como questo con molta diligencia. Finito che sia subito mandarolo a la S. Vostra

(1) Le *Virgile* mentionné ici est l'édition de 1501 devenue si rare, ainsi titrée « VERGILIUS ». — *Venetiis* ex œdibvs *Aldi* Romani mense aprili M.D.I. in-8.º 228 feuillets non chiffrés. Courte préface d'Alde. *Aldvs studiosis omnibvs. S.* La lettre que nous publions ici eût ravi l'auteur des « *Annales de l'imprimerie des Alde* », car il eût reconnu comme nous que l'exemplaire que ce Lorenzo da Pavia faisait apprêter pour le Marquise de Mantoue n'est autre que celui possédé aujourdhui par le British Museum auquel le légua M. Cracherode. Vincent de Gonzague l'avait possédé en 1594. Or Vincent de Gonzague avait eu pour bisaieule la Marquise Isabelle !

(2) Cette édition si célèbre et la première qu'Alde ait imprimée avec son *italique*, a pour titre : « LE COSE VOLGARI DI MESSER FRANCESCO PETRARCA — Impresso in Venezia nelle case d'*Aldo* Romano, nel anno M.D.I del mese di luglio et tolto con somma diligenza dallo scritto di mano medesima del Poeta havuto da M. Piero Bembo.» Dix-sept exemplaires sur vélin sont connus.

e voleno che il primo che si usa sia vostro e che lauo per bono augurio tegano per certo de fare de gran bene de dita opera per avere dato primo principio la S. Vostra.

Apreso dreto al *Petrarcha* stampara anchora el *Dante*, e *Lovidio* che credo lo principiarano a la fin de settembre, ma el *Dante* fra 20 giorni, siche adoncha prego quela faci cercare de le carte bone de canereto che siano nete e ben bianche e sotile e gualide che non siano grosse in uno logo e sotile in un altero per che altere volte ve ne no avute in Mantova de bele. La dificultade sta in trovar bele carte siche ve nabia per el *Dante* e per *Lovidio* ; la grandeca como e questa del *Petrarca* con il foio intrego. De la diligentia la S. V. lusi fare a me, faro talmente che quela avera cose rare che non averano parengone così como e la S. Vostra. E nessuna cosa poso io avere al mondo più grata che quela si degne de comandareme recordandeme sempre de li beneficii recevuti da quela. . . .

Del *Virgilio* e del *Petrarcha* dicono non voleno mancho de 5 ducati de luno. El 26 de Luio M.D.I.

V. Servo Lorenco de Pavia in Venecia (¹).

(1) Archives de Mantoue. Nous avons déjà eu l'occasion de parler de ce Lorenzo « de Pavia » dans notre travail sur Messer Andrea Mantegna publié en 1866 par la *Gazette des Beaux arts, Courrier Européen de l'Art et de la Curiosité*. La correspondance de ce digne homme rencontrée par nous parmi les papiers conservés aux Archives de Mantoue n'a certainement rien de littéraire, mais elle est pleine de *notizie* curieuses et de renseignemens intéressans sur les choses d'art qui se faisaient à Venise de 1490 à 1520. C'était la belle époque; et c'est pourquoi il faut attacher du prix aux moindres renseignemens contemporains sur les artistes et sur leurs œuvres. Voyez à l'Appendice quelques autres fragmens de la correspondance de ce Messer Lorenzo « da Pavia » touchant les éditions Aldines demandées par la charmante Marquise Isabelle, Princesse de Mantoue.

VI.

Messer Aldus « Romanus » fuit instance auprès d' Isabelle d' Est et de Gonzague, Marquise de Mantoue, pour obtenir la grâce du fils d' une certaine Jeanne de Ceresara.

Ill.ma et Ex.ma Madama : Due cose maxime me fano ardire dimandare gratia a V. E.xtia : zoe la observatione mia verso di quella : et la summa clementia et benignità. Le una poveretta per nome Joanna de Ceresara. La quale havendo doi figliuoli maschi : in la divisione dei loro boni venerno alle mani : et uno (1) dessi amazo laltro secundo diffusamente se narra in la supplicatione porgera *ipsa infelix mater* (2) a V. Ill. S. dove li dimanda misericordia : accio habiando infelicemente perso uno de li figliuoli za sono doi anni : non sia ancora privata del vivo : per esser bandito del Dominio di V. E. ma che li sia perdonato tale delicto accio possa viver et morire *cum ipsa matre* sotto la Ill. S. V. qual cosa io uno *cum ipsis* li dimandemo di gratia, et *supplices* ne recomandemo a quella. Io lhavero si accepto, *ac*

---

(1) Le fils de cette Jeanne de Ceresara se nommait Federico : Il s'attacha dans la suite à la personne d'Alde Manuce , et on verra par les curieuses lettres de l'année 1506, dans quelle aventure singulière il jeta Messer Alde son patron, à son entrée avec lui dans le Mantouan, comme ils revenaient d'un voyage au pays de Lombardie, à la recherche des meilleurs textes des œuvres de Virgile.

(2) Dans l'original autographe, les mots latins ne sont pas soulignés.

si in me ipsum duntaxat conlatum hoc fuerit beneficium, il quale son servitore benchè humile, di V. Ex.^{tia}. Venetiis 12 Sept. 1503.

SER. ALDUS ROMANUS.

Ill.^{me} et Ex.^{me} Isabellæ Esteñ *ac de Gonzaga Marchionissæ* *Mantuæ et Ex. D. suæ obser^{me}* [1].

[1] Archives de Mantoue. *Carteggio Veneto.*

VII.

Messer Aldus « Romanus » remercie la Marquise de Mantoue pour la faveur qu' elle lui a faite de lui accorder la grâce de Federico de Ceresara. Il se dit son serviteur en toutes occasions et espère de le lui pouvoir témoigner dans l'avenir, par des faits plutôt que par des paroles.

Ill.ma ac Ex.ma Domina, ho avuto una letera da la V. Ill.ma S. data a XXIIII di decembre (¹) proximo : dove se degna significarne de la gratia, quale era per fare a mia instantia in le feste de Natale a quello mio amico, secundo che io li ho rechiesto. Resto dunque a quella sempre obligatissimo si per la gratia impetrata : come per le gratiose offerte soe verso di me, che tutto procede da humano affecto et benignità innata de quella. *Quare* prego V. Ill. S. quanto scio et posso, che me commaude ad ogni sua occurentia, che me trovera sempre paratissimo ad obedire non meno di qualuncaltro fidele servitore chel habia. Et spero aliquando farne demonstratione assai meglio cum facti de quello fo al presente cum parole. Et a lei sempre me recomando. Ven̄. III Jan. M.D.III.

Ser. Aldus Ro.

Ill ᵐᵃ ac Ex.ᵐᵃ Isabellæ Esteñ
ac de Gonzaga Marchionissæ
Mantuæ et ex D. suæ obser ᵐᵃ (²).

(1) Nous avons vainement cherché, dans les registres épistolaires de la Marquise, la minute de la lettre désignée ici par Messer Aldus. Il est à croire que Benedetto Capilupi, Secrétaire de ses comandemens. a omis de l'écrire.

(2) Archives de Mantoue. *Carteggio Veneto.*

VIII.

Messer Aldus « Romanus » ayant appris que Federico de Ceresara aurait été incarcéré sous prétexte que la grâce accordée par la Marquise de Mantoue, sans la participation du Marquis son seigneur, n'était pas valable, s'étonne d'un tel fait et supplie l'Isabelle de faire cesser le chagrin que lui cause cette nouvelle.

Ill.ma et E.ma Domina. ho inteso che quello federico da Ceresara, in favore del quale io *scripsi* a V. Ill. S. et quella per benignitate et humanitate, *ut solet*, concesse quanto io li richiedeva, e stato messo in presone, dicendose che la gratia li fo facta, non vale, per esser facta senza saputa del S. Marchese, *quod si ita est demiror.* Et so certo che V. S. non ne sapia cosa alcuna : perchè non comporterebbe tale inconveniente. Si per la benignita sua, come per il dovere, per la qual cosa ho subito mandato il presente : acciò V. S. intenda la cosa, et facia avere loco alla gratia li e stata facta. Como me rendo certo quella fara. *Certe vitam mihi essere acerbam putarem,* si le potesse dire che io sia stato cagione de la morte di uno mio amico sotto fede de la gratia facta a lui a mia instantia perche me sarebbe perpetua infamia. *Quod ne eveniat : ne supplico etiam, atque etiam* alla Ill. S. V. et a lei sempre me recomando. Ven. 14 Julii 1504.

S. Aldus R.

Isabellæ Principi Mantuane
Illu.me ac observandiss. (¹)

(1) Archives de Mantoue. *Carteggio Isabella.* Cette lettre porte le cachet de Messer Alde, bien conservé.

IX.

*Charmante lettre latine d'*ALDUS *à* ISABELLE PRINCESSE DE MANTOUE. *Le jeune Ascalon était venu voir Messer Alde; la conversation était tombée sur la Marquise et sur la faveur qu' elle accorde aux lettrés. A ce titre, Alde la révère et en attendant qu' il lui en porte le témoignage avec la dédicace de quelqu' ouvrage, il lui offre les fruits les plus récents de son imprimerie :* LA VIE D'APPOLONIUS DE TYANE, EUSÈBE CONTRE HIEROCLE, *opuscule en latin et en grec, et de plus les* vers de GREGOIRE DE NAZIANZE *(traduction latine). Et bien qu'il sache que présentés de la sorte* [1], *ils ne sont point, dignes d' aller en mains aussi distinguées que celles de la délicieuse Marquise, cependant sur le conseil de cet Ascalon, et confiant en la bienveillance de la Princesse, il les lui envoie. Elle sait d' ailleurs que ceux à qui manque l' encens pour les sacrifices peuvent avoir recours à une matière moins luxueuse: c' est en cela que sera son excuse.*

Aldus Isabellae principi Mantuanae. S. Fuit apud me superioribus diebus Jo. Bapt. Ascalonius juvenis sane eruditus qui cum de multis, ut assolet colloquendo, in tui incidimus sermonem. Quantum videlicet doctis omnibus et virtutem praeditis faveas, ipsa non minus bonis literis, quam sanctis exornata moribus. Quapropter mirum in modum observantia in te mea adaucta est. Id quod nuncupatione aliqua, ut potero, cupio aliquando

---

(1) Peut-être parce qu'Aldus envoyait à Isabelle ces exemplaires sans les avoir fait relier aux armes de la souveraine toujours si artiste. Nous aimons extrêmement cette lettre qui respire un véritable parfum de littérature. On reconnaît à chaque ligne la forme ancienne, voire dans l'adresse: « Aldus à Isabelle, Souveraine de Mantoue, Salut. »

publice profiteri. Interea *Tyanensis vitam* (¹) cum libello *Eusebii contra Hieroclem*, et graece et latine tum *Gregorii Nazianzeni carmina* non indigna lectu cum latina interpretatione (²), qua nuper excudenda curavimus muneri mittimus rati non displicitura Maiestati tue. Et quanquam non me fugit minus esse condigna, ut sic inornata venient in divorum manus tamen hortatu Ascalonii nostri nec non tua benignitate confisi id fecimus, presertim cum scias lactem et salsa mola solere litarem qui thure deficiunt. Sint igitur velim apud Maiestatem tuam summae meae in eam observantiae monimentum. Ven. XVII Julii M.DIIII.

Isabella Principe Mantuana
Illustriss observandiss q (³)

(1) Alde a publié des lettres de cet Apollonius dans la seconde partie des EPISTOLARUM GRÆCARUM COLLECTIO (1499): il s'agit ici du *Philostrati de vita Apollonii Tyanei, libri octo,* parmi lesquels *Eusebius contra Hieroclem.* Cette édition porte diverses dates. Renouard explique le motif de cette singularité (page 26. Edit. 1834).

(2) GREGORII NAZANZENI CARMINA CUM VERSIONE LATINA. *Venetiis* ex *Aldi* Academia mense Junio M.D.III in-4.°

(3) Archives de Mantoue. *Correspondance d' Isabelle.* Voyez à l' Appendice le gracieuse interprétation italienne de cette lettre que nous a fait M.r Jean Veludo, Vice-Bibliothécaire de la Marciana.

X.

Le Marquise de Mantoue recommande à Messer Aldo de lui envoyer tous les livres latins qu' il a imprimés jusques alors, le Virgile excepté, qu' elle a déjà. Elle lui rappelle qu' elle désire avoir des exemplaires sur papier de choix de tous les ouvrages qu' il imprime

M+ Aldo. Desideramo havere uno codice (¹) in carta bona de tutti li libri latini che haveti facto stampire in picol forma. Vi pregamo a volermi mandare desligati tutti quelli che ve ritroviate haver che siano coretti, dal *Virgilio* (²) infori, qual habiamo. Et quando vi occorrera far stampire, vi ricordareti di far stampire pure in *carta bona* quelli che al presente non havitte, facendoli usare diligentia. Ni dareti aviso del costo che ve rimetteremo

(1) Le sens qu' on donne aujourdhui au mot *codice* n' est autre que *manuscrit*, mais il faut croire qu' au temps d' Isabelle d' Est et d' Alde Manuce, on pouvait aussi lui accorder la signification d'*exemplaire*.

(2) La Marquise Isabelle parle ici du Virgile de 1501 que lui avait fait apprêter son *chargé d'affaires en curiosites*, Messer Lorenzo da Pavia. Alde imprima, durant cette année 1505, un autre *Virgile*, dont l' édition ne parut qu' en décembre.

li dinari, offerendovi alli commodi et piaceri vostri sempre dispostissime.

Mantuæ XVI Maij MDV. (¹)

B. *Capilupus* (²).

(1) Archives de Mantoue. *Registro* des copies de lettres écrites, au nom d'Isabelle d'Est, par les divers secrétaires de ses commandemens. La suscription de cette lettre dans le registre est *Aldo Romano* mais sur la lettre originale, elle devait être plus définie. Le signataire Capilupus est le secrétaire de la Marquise à cette époque ; les lettres missives originales de ce genre, portaient en tête les mots : *Isabella Estensis Marchionissa Mantuæ* etc.

(2) Benedetto Capilupi, originaire de Mantoue, secrétaire de l'illustre Isabelle, littérateur distingué à cette époque si littéraire en Italie. Il était fils de Giovanni Francesco Capilupi et d'Antonia Folengo et naquit en 1462. Mario Equicola dans une sienne lettre s'exprime ainsi: *Est enim vir integerrimus et bonus consilio.* Il fut secrétaire du Marquis de Mantoue, puis de la Marquise. Andres affirme qu'il « *meritava l'intima confidenza dei detti Marchesi,* » et qu'il sut se valoir l'estime de tous ses concitoyens. En 1495, il épousa Taddea Grotta, et en eut plusieurs fils parmi lesquels *Camillo* et *Ippolito* qui ont particulièrement honoré et rendu plus célèbre le nom de la famille. Ce Camillo fut le père de cet autre Capilupi (appelé aussi Camillo) dont tous les amateurs des plus rares plaquettes recherchent volontiers le fameux petit écrit sur la Saint-Barthélemy, *Lo stratagemma di Carlo nono Re di Francia contro i ribelli di Dio e suoi.* Quant à Benedetto, aïeul de Camillo II, et secrétaire de la Princesse, la mort l'enleva aux lettres et à sa chère et distinguée patrone, en 1518. ainsi qu'en témoigne l'inscription lapidaire qui se voyait jadis en l'église de San-Girolamo, à Mantoue, près de l'autel de l'Annunziata qu'il avait érigé. (Voyez sur les Capilupi le livre, *Catalogo de' Codici manoscritti della famiglia Capilupi di Mantova illustrato dall'Abate Don Giovanni Andres.* Mantova, presso la Società all'Apollo, 1797.)

XI.

La Marquise de Mantoue demande à Messer Aldo les exemplaires (qu' il lui a dit avoir) des petites œuvres imprimées sur parchemin, sauf le Pétrarque. *Elle lui rapelle que chaque fois qu' il usera des mêmes types, il ait soin de tirer expressément pour elle un exemplaire* SUR PARCHEMIN (CARTA MEMBRANA).

M + Aldo.   Ni fareti singolare piacere a mandare uno volume de ciaschuna di tutte quelle operette che mi scrivete haver in carta membrana così ligate, como non dal *Petrarcha* infuora che altra (¹) : che cortesemente vi ne rimetteremo il pretio in caso che ne piaciano. Se no, vi remanderemo infallantemente essi. Ne sentiremo anchora in ciò notabilmente gratificate da voi, a li cui comodi e beneplaciti vi offerimo sempre dispostissime

Mantuæ XXVII Maij MDV.   Raccordamovi che stampando altre opere in questa stampetta, a imprimere in carta membrana a nostro nome (²), secundo vi scrivessimo (³).

B. Capilupus.

(1) La forme de la phrase est assez obscure et ce mode de s' exprimer est certainement hors d' usage aujourdhui.

(2) *A nostro nome*, veut peut être dire qu' Alde devrait imprimer des exemplaires, portant le nom d' Isabelle. Bibliographiquement, ce renseignement serait plein d' intérêt et donnerait, ce nous semble, une valeur singulière aux exemplaires, conservés, et possédés, aujourdhui par d' heureux amateurs et de fortunés curieux.

(3) Archives de Mantoue, *Registro letterarum Isabellæ.*

XII.

Messer Aldus envoie à la Marquise de Mantoue les exemplaires imprimés sur parchemin, *en lettres cursives, des œuvres de* MARTIAL. CATULLE, TIBURCE, PROPERCE *et* LUCAIN (exemplaires brochés): *puis les œuvres d'* HORACE, *de* JUVÉNAL *et de* PERSE (exemplaires reliés). *Il indique le prix de chaque ouvrage: l'exemplaire contenant* HORACE, JUVÉNAL *et* PERSE *est avec miniatures.*

Ill.ma Ex.ma Madama. Me scrive V. S. li mande tutti quelli libretti io habia in *membrana* de lettera cursiva, per la qual cosa mando per il portatore di questa chiamato S. Joanni dasola quelli havea cio è *Martiale* (¹), *Catullo, Tib. Prop.* (²), *Lucano* (³), quali sono desligati. *Item Horatio* (⁴), *Juvenale* et *Persio* (⁵) legati insemi, et meniati (⁶). Altri io non ho, piacendo quelli a V. S.

(1) MARTIALIS. *Venetiis* in œdibvs *Aldi* mense Decembri M.D.I in-8.⁰ Renouard en a possédé un exemplaire sur papier fort; *idem* British Museum; sur vélin, Brit. Museum, Lord Spencer, Mac-Carthy, Bibliothèque Impériale (avec reliure de Grolier), Debure et Quin.

(2) CATVLLVS, TIBVLLVS, PROPERTIVS. *Venetiis* etc. mense Januario M.D.II. Edition dédiée à Marino Sanuto, Patricien Vénitien. Un exemplaire sur vélin est au British Museum.

(3) LVCANVS. *Venetiis* apvd *Aldum*, mense Aprili M.D.III in-8.⁰ Exemplaire sur vélin au Vatican.

(4) HORATIVS. *Venetiis* etc. Maii M.D.I in 8.⁰ vélins: Bibliothèques de Berne, Munich, Paris, Modène, Lord Spencer avec *lettres peintes (meniati)*, et chez le Marquis Trivulzio à Milan de qui la Bibliothèque, depuis long-temps célèbre, appelle par ses *magnificences* et ses *raretés* l'admiration des grands *curieux*. L'Ambrosienne et le Duc Melzi ont aussi de ces richesses.

(5) JVVENALIS, PERSIUS. *Venetiis*, Augusto M.D.I in-8.⁰ vélins: Bibliothèques British Museum, Lord Spencer, et Vienne avec reliure de Grolier.

(6) Nous croyons qu'il ne faut pas donner à ce terme de «*miniati*» plus d'importance qu'il n'en a réélement. Il ne s'agit pas de miniatures à personnages, mais d'*initiales* or et couleur.

potera dare pretio de epsi al portatore predicto; non piacendoli, redarli li libri. Il pretio de epsi ho qui sottoscritto et a V. S. Ill. me recomando. Ven. 9 Junii 1505.

Horatio et *Juvenale* et *Persio* meniati,

et ligati insemi (¹): ducati sei.

Martiale: ducati quattro.

Catullo . Tibullo . Propertio : ducati tre.

Lucano: ducati tre (²).

S. ALD. RO.

Ill.mus et Ex.mus D. Isabellæ
Marchionissæ Mantuæ
D. obserc (³)

---

(1) On sait, en effet, qu'Alde Manuce avait établi dans sa maison un atelier de reliure. Les amateurs distinguent aujourdhui les reliures Aldines par le nom d'*officinales*. Le Marquis Girolamo d'Adda en possède plusieurs notables échantillons parmi les belles curiosités bibliographiques de la charmante collection, à la formation de laquelle on peut dire qu'il a présidé avec le plus grand goût.

(2) Un annexe de même papier retenu par trois cachets au dessous de la signature et de la main d'Alde Manuce, ainsi que le corps de la lettre, porte l'indication suivante :
Horatio, Juvenale, Persio ligati insemi et meniati; ducati sei o al manco ducati 4.
Martiale: ducati quattro o al manco tre.
Catullo, Tibullo, Propertio: ducati tre o al manco doi e mezzo.
Lucano: ducati tre o al manco ducati doi e mezo.

(3) Archives de Mantoue. Cette lettre porte le cachet bien conservé de Messer Alde. Une autre du même genre, mais moins détaillée datée du 23 mai, même année, existe non aux *Archives*, mais à la *Bibliotheque* de Mantoue, et elle a été publiée par l'érudit comte Carlo d'Arco dans le volume II de l'*Appendice all'Archivio storico italiano*. n.° 2, page 313. Voyez *Notizie di Isabella Estense moglie a Francesco Gonzaga*, aggiuntivi molti documenti etc.

XIII.

*Messer Aldus Pius « Romanus » venant de Lombardie et se
rendant à Venise où il demeure est, victime d'une désolante méprise. Au moment où il entre en pays Mantouan, l'officier du
Marquis de Mantoue, préposé à la garde de Casa Romana le
fait prisonnier et lui prend ses papiers; la fuite soudaine de
son compagnon, Federico de Ceresara, à la vue des gardes et
sur une simple interrogation de leur part, ayant inspiré quelques soupçons au dit officier. Messer Aldus, demeuré prisonnier
donne avis de son malheur, par cette première lettre, au Marquis de Mantoue (Voir à l'Appendice les pièces justificatives
du cas de Messer Aldus).*

Ill.me Princeps, passando zobia proxima da Casa
Romana (¹) villa de V. Ex.tia et havendo cum mi per
famiglio Federico da Ceresara, lui per timore de esser
cognosciuto, se era imbaverato sul cavallo che cavalcava
io, et havendo la mia veste. Accadette che in dicta villa
li homini de V. Ex.tia faceano guardia, et volsono rete-
ner dicto Federico, lui fugette buttando via la mia veste,
et altre robbe mei, poi in quello cavallo, sul quale era
fugito, venne uno d'Asula per trovar le robbe havea get-
tate fugendo. Per la qual cosa fo retenuto io in casa de

(1) Sans nul doute « Castelromano » aujourdhui bourgade, dans
le-district de Canneto. La paroisse comprend à peine 218 âmes et fait
partie du diocèse de Mantoue. Alde se sert ici du mot *villa*. Il se
pourrait que le Marquis de Mantoue ait eu dans ce lieu, à cette époque, une *villa*: il en avait un grand nombre, sur son riche territoire,
mais il n'est pas question d'une propriété de ce nom dans les papiers
de sa maison consultés par nous à Mantoue.

M. Joan Petro Muraro, per tanto supplico V. S. Ill.ma commande sia relaxato per esser io servitore di quella per piu respecti, et masime per lamor del Illustre S. Alberto de Pii genero et figliolo de V. Ex.tia del quale io so servitore, et che me siano restituite le robbe, et li cavalli mei. Io venca da Lombardia per retornare a Venetia, dove ho la mia habitatione. Et a la gratia de V. S. Ill. me recomando : Ex Villa Casa Romana 17 Julii M.D.VI.

SER. ALDUS PIUS. ROMANUS (¹).

Ill.mo et Ex.mo Principi
francisco de Gonzaga
Marchioni Mantuæ e semper
 observ.mo (²)

(1) Voici la première parmi ces lettres, que nous voyons signée Aldus *Pius*. Depuis peu de temps, en effet, l'illustre Seigneur de Carpi, Alberto Pio, politique, lettré, esprit très remarquable, et qui avait reçu ses premières leçons de littérature latine et grecque, sous la direction de Messer Alde Manuce avait donné, à l'excellent typographe et au littérateur éminent, le privilège de porter les armoiries de sa maison et de joindre son nom à ceux qu'il avait déjà. La date de ce privilége est incertaine, et tous les biographes ne disent autre chose à ce propos si ce n'est que Messer Aldus commença de porter ce nom célèbre après l'année 1503. Il faudrait peut-être dire après l'année 1505, car aucune des lettres précédentes, ne porte le nom du Seigneur de Carpi, Alde ne parait être encore qu'Aldus « Romanus ».

(2) Archives de Mantoue. *Carteggio Miscellaneo.*

XIV.

Messer Aldus Pius « Romanus », prisonnier par erreur, fait part de son infortune, par cette seconde lettre, au Marquis de Mantoue. Il raconte son cas d'une façon ingénue. « Je suis Alde Manuce, Romain, dit il, et de la maison des Pii par la faveur, d'Albert Seigneur de Carpi, gendre de Votre Illustrissime Seigneurie Pour ma profession qui est celle d'imprimeur de livres, j'habite à Venise. Voulant imprimer un VIRGILE d'une grande correction (¹), j'ai fait chercher, dans et hors Italie, et j'ai exploré, moi-même tout le pays de Lombardie, pour trouver en manuscrits les œuvres du poète. Et maintenant que m'en retournant à Venise, et passant à Casa Romana, avec Federigo de Ceresara . . . » Suit le récit de l'aventure, après quoi Messer Aldus ayant demandé au Marquis sa prompte libération, ajoute ces paroles si bien trouvées : « Voulant illustrer les œuvres de Virgile, qui fut de Mantoue, je mériterais non point de souffrir aucune violence sur ce territoire, mais bien plutôt d'y être protégé. »

Ill.me Princeps per una altra mia ho dato aviso a V. E.tia del quanto me è occorso ne le terre di quella, ma per che dubito non habia recapito, ho voluto scrivere *iterum* a V. Ex.tia il caso. Io sono Aldo Manutio Romano, et facto de li Pii dal mio S. Alberto de Carpi genero et figliolo di la Ill. S. V. per esser stato et essere assiduo servitore di quello et *per consequens*, essendo il mio Patrone servitore vostro, li fo ancora io : ultra, le altre cause, et al presente, per la mia impresa di

(1) La nouvelle édition des œuvres de *Virgile*, pour la perfection du texte delaquelle Messer Aldus avait entrepris le voyage en Lombardie, ne parut que beaucoup plus tard, et peu de mois avant la mort du célèbre imprimeur, c'est à dire en octobre 1514. On sait que les années qui suivirent depuis 1506 jusques en 1512, furent des années de guerres et de luttes terribles pour Venise et par conséquent pour les belles entreprises, en fait d'art et d'industrie. Pendant ces années là, Messer Aldus ne s'estima point heureux, il éprouva même des revers.

fare stampar libri habito in Venezia. *Quare* vogliando io
fare stampar le opere di Virgilio corrette *et maxime* il
Codice, et luna et li altri opusculi li quali sono incor-
rectissimi, ho facto cercar per tutta la Italia et fora.
Et io in persona ho cercato quasi tutta Lombardia per
trovar dicte opere scripte a mano. Hora retornando a
Venetia, et passando da Casa Romana Villa de V. S.
et havendo per famiglio Federico da Ceresara quale e
bandito da le terre et lochi di quella, lui per non esser
cognosciuto se era imbaverato, et essendo li homini di
V. S. li quali li meseno mano su la briglia, lui dette
de pedi al cavallo et fugitte, et fugendo li cascorno
alcune mei robbe, poi essendo fora del territorio de
V. Ex.tia rimando in diretro il cavallo per la qual causa
hanno retenuto mi cum dui mei cavalli et mei robbe,
cosi quelle portava epso mio famiglio, como quelle che
havea io. Et hogi e terzo di che sto retenuto cum
grande incommodo de la impresa mia, per tanto supplico V. E.tia li piacqua commandar a m.r Joanpetro
Moraro in casa del qual io so che me lasse andar a
mio viazo, et me renda li mei cavalli et le mee robbe.
Illustrando io le opere di Virgilio, il quale fo mantuano,
meritarei non paterli violentia alcuna, ma piu presto es-
serli difeso. Qual cosa vedo esser accaduta per non sapere
chi fosse, et fo certo non sia de mente de V. E. alla quale
sempre me recomando. Ex casa Romana, 18 Julii 1506.

SER. ALDUS PIUS ROMANUS.

Ill.mo Principi Francisco
Gonzagha Marchioni Mantua
invictissimo (1)

(1) Archives de Mantoue. *Carteggio Miscellaneo.*

XV.

*Messer Aldus Pius « Romanus » prisonnier depuis le jeudi
16 Juillet écrit pour la troisième fois au Marquis de Mantoue
et l'assure de son innocence. Il le supplie de ne le pas faire
venir à Mantoue, car la peste y régnant, il serait ensuite
astreint aux inconvénients d'une quarantaine, avant de pouvoir entrer à Venise. Il est tout prêt à se rendre sur, l'appel du
Marquis, soit à Canneto, soit en tout autre lieu qui n'est point
infesté. Il ne sait à quoi attribuer sa captivité, ayant toujours
été le* fedelissimo servitore *de la Maison de Gonzague.*

Ill.^{me} Princeps per dui altre ho facto intendere a
V. Ex.^{tia} il mio essere retenuto a Casa Romana, non ho
avuto resposta alcuna. Non so la cagione, ben so che io
non merito per esser innocente de ogni cosa, che possa
despiacer a V. S. alla quale so fidelissimo servitore,
tamen se V. Ex.^{tia} vole da mi qualche cosa, io so appa-
recchiato de quanto piace a quella, *etiam* se fosse a
Venetia in mia liberta, vorrei venir ad ogne rechiesta
vostra, pero la prego non me faccia venir li a Mantua
per lo suspecto de la peste, perche ogni volta la S. V.
me licentiasse, me bisognerebbe stare quaranta di anti
potesse intrar in Venetia, quale cosa me sarrebbe grandissimo incommodo. Ha Canneto, et de li altri lochi netti
de peste la V. S. alli quali accadendo pole commettere

chc io vada. Et de questo supplico la Ex.^{tia} V. alla quale sempre me recomando. Ex Casa Romana 20 Julii 1506.

S. ALDUS PIUS R.

Illmo ac Exmo principi
franc.º Gonzagæ Marchioui Mantuæ
e semper observandiss.º (¹)

(1) Archives de Mantoue. *Carteggio Miscellaneo.*

XVI.

*Messer Aldus Pius « Romanus » mis en liberté s'en est
allé à Asola où il attendra le retour de son messager avec ses
papiers que le Marquis de Mantoue a désiré de connaître.
Il les a envoyés avec l'empressement d'un homme qui n'a
point commis de choses illicites et qui sait avoir fait en sorte de toujours prêter aide à son prochain. Il a conçu une
grande honte de son emprisonnement à Canneto, il veut croire
que le Marquis n'avait point donné l'ordre de le lui faire subir. S'il fût demeuré deux jours de plus dans ce lieu infect,
il en eût pensé mourir. Mais que Dieu en soit béni ! Messer
Aldus voit dans cette mésaventure une pénitence à ses péchés
(Voyez à l'appendice comment le Président du Dauphiné alors
en voyage dans le Milanais et le Mantouan pour le service
de Louis XII, fut celui à qui fut remise la personne libre de
Messer Aldus d'après les ordres donnés expréssément par le
Marquis de Mantoue* (1).

Ill.^{me} Princeps mando uno mio per quelle scripture
nie mandate a V. Ex. per suo comandamento, quale
cosa io feci molto volenteri accio se cognoscesse che io
non so homo che tracta per via alcuna cosa illicita et
che non siano da far, ma che piu presto cerco cum
mio ingegno giovare a ciascuno, ben me doglio che

(1) Il faut lire à ce sujet la préface de l'édition des œuvres
d'Horace (année 1509) adressée à Carlo Giaffredo Président du Dauphiné, Vice-chancelier du Sénat de Milan, et remarquer le passage :
« Ex quo item cum paucis post diebus Cremona Asulani proficiscerer
per Mantuanum agrum . . . . »

sia stato incarcerato a Cannetto (¹) in loco infame cum grande mia vergogna essendo innocentissimo, et servitore de V. S. Qual cosa me rende certo non esser stato de mente de quella. Anzi che ne havrà despiacere et certo se io stava doi di in quella presone teterrima et pozulente, li morerei dentro. Sia del tutto regratiato Dio. Il toglio per penitentia di mei peccati. Prego hora V. Ill. S. faccia spazar̄ quelle scripture, et darle al presente mio messo. Et alla gratia de V. Ill. S. sempre me racom̄ando. Ex Asula (²) 25 Julii 1506.

S. Aldus Pius Ro.

Ill.mo et Ex.mo D.
D. Franc.º Gonzagæ Marchio Mantuæ (³).

(1) Canneto : gros village situé sur la rive gauche de la rivière Oglio à vingt deux milles environ de Mantoue. Aujourdhui, ce bourg appartient à la province de Brescia. Tels historiens veulent qu' il soit l' antique Bebriaco : ils ont peut-être raison. Canneto comporte aujourdhui 2885 habitans.

(2) Asula, terre du domaine des Vénitiens. Ce petit pays était loin d' être *terra incognita* au bon Alde Manuce; car son beau-père, imprimeur comme lui et comme lui résidant à Venise, était originaire d' Asula ou Asola. Andreas de Toresanis Asulanus, tel était son nom. Il disait « *Asulanus* » comme Alde disait « *Romanus* ». Alde avait épousé la fille de Messer Andrea vers l' an 1500, laquelle lui avait apporté sans doute en dot quelques arrhes de terrain du pays paternel. La lettre XVIII prouve en effet qu' au temps des guerres où Louis XII, Maximilien Empereur et le Pape (Ligue de Cambrai) réunirent leurs forces pour écraser les Vénitiens, les propriétés que le célèbre imprimeur avait sur le territoire de Brescia durent se ressentir de ces invasions aussi peu glorieuses qu' illégitimes et acharnées.

(3) Archives de Mantoue. *Carteggio Miscellaneo.*

XVII.

François de Gonzague, Marquis de Mantoue, écrit à Messer Aldo Pio « Romano » pour lui exprimer le regret qu' il éprouve qu' une personne de sa qualité et de ses vertus ait été victime d' une aussi grande méprise, dès son entrée au pays Mantouan. Il lui explique la cause d' une pareille erreur. Deux malfaiteurs devaient passer par cet endroit, il en avait eu avis ; Alde et son compagnon se sont trouvés être les premiers voyageurs passant de ce côté, dans le même temps que l' ordre de surveillance avait été donné ; la fuite soudaine et tumultueuse de son compagnon a permis aux gardes de croire qu' ils avaient à faire aux deux incriminés. Le Marquis de Mantoue, après s' être ainsi excusé, retourne à Messer Aldo ses manuscrits avec sa valise, et lui proteste que son entière faveur lui est assurée pour l' avenir.

M+ Aldo : — El ne rincresce che una persona dela bona qualità et excellente virtù vostra sia stata el primo che si sia incappato ne le guardie che havevamo posto al passo nostro di Casalromano per certi avisi che havevimo de alcuni altri che vi doveano capitar ; et più ni rincresce de lo incomodo haveti patito, il qual disordine tutto e seguito per la fuga di quello vostro compagno tanto tumultuaria per el bando che ha de le nostre terre. La bolgetta vostra vi rimandamo cum le scripture vostre, e se per alcun tempo potremo giovarvi: non haveti hora patito disconcio tanto che molto magior beneficio non siati per cavarmi ad ogni vostra posta.

Mantuae XXV Julij 1506 (¹).

(1) Archives de Mantoue. *Register litterarum Francisci Marchionis Mantuœ*. Voyez à l'Appendice les autres lettres adressées à diverses

personnes par le Marquis, et relatives à la libération de l'innocent prisonnier.

François de Gonzague né le 10 août 1466, fut le septième de ceux de sa maison qui ont dominé à Mantoue et le quatrième avec le titre de Marquis. Fils de Frédéric de Gonzague et de Marguerite de Bavière, il succéda au Marquis son père le 5 Juillet 1484. Il avait été fiancé dès l'année 1480, âgé de quatorze ans, à Isabelle de la maison d'Est qui n'en avait que six. Les noces se célébrèrent à Mantoue dix ans plus tard le 15 février 1490. Un chroniqueur du temps s'exprime ainsi sur l'aspect des époux « giovine d'aspetto maestoso, con ispaziosa fronte, occhi vivaci, e bella capigliatura; essendo l'Isabella anch'essa la più avvenente fanciulla che dir si potesse. » Andrea Mantegna a fait leur portraits.

François de Gonzague fut le plus célèbre capitaine de son temps et fut mêlé à toutes les guerres dont la riche Italie fut le glorieux mais désolé théâtre depuis l'entrée qu'y fit Charles VIII jusques aux premiers temps de la rivalité de François Premier et de Charles-Quint. Le Marquis de Mantoue dont il est ici question fut celui qui commandait à la journée de Fornoue les troupes ennemies de la France. Comynes lui a donné belle place dans ses récits admirables. Le célèbre Marquis mourut l'année 1519 le 20 Mars, laissant trois fils et trois filles, l'aîné Frédéric reçut, onze ans plus tard, de l'Empereur Charles le titre de Duc, et l'aînée des filles fut Eleonore, mariée à François Marie Delle Rovere Duc d'Urbin. Ce Gonzague avait aimé les lettres et les arts, il cultivait même la poésie, et il a décrit dans ses élans poétiques les fortunes diverses de l'Italie, si éprouvée pendant les campagnes auxquelles il avait pris si grande part, tantôt au service des Vénitiens, à la journée du Taro ; tantôt au service de Naples, à la journée d'Atella ; tantôt au service de France, à la journée d'Agnadel. Devenu politique et peut être philosophe, il finit par comprendre que la neutralité, quand on la pouvait garder sans venir à mal, était encore préférable à toute intervention armée. A mon sens, un de ses meilleurs titres à la gloire est d'avoir su retenir à sa cour le plus grand peintre de son temps, Messer Andrea Mantegna, qui lui fit les *Triomphes de César* et quantité de travaux pour l'ornement des ses Palais et de ses résidences. En un mot, il était un homme de goût, propre à apprécier le beau, voire à le rechercher. En cette part si glorieuse, il était merveilleusement soutenu, conseillé et encouragé par la Marquise Isabelle sa femme, incomparablement douée de toutes les qualités qui constituaient alors *la donna præclara e virtuosa*. Voyez la notice que nous lui avons consacrée dans l'appendice à cette publication.

XVIII.

L' Empereur Maximilien recommande à la Marquise de Mantoue Messer Aldo « Romano » au sujet des quelques possessions, qu' il a dans le pays d' Asola, pays acquis par le sort des guerres, au territoire du Marquisat. L' Empereur appelle Aldo « FAMILIARE NOSTRO » et dit qu' il se recommande par la « DOCTRINA, BONTÀ SUA E GRANDI COMMODI FACTI A TUTTI LI LETTERATI. »

MAXIMILIANO DIVINA FAVENTE CLEMENTIA E ROMANORUM IMPERATOR SEMPER AUGUSTUS, ETC.

Te havemo scripto altre volte in recomandatione del fidele dilecto Aldo Romano Familiare nostro et anchora te ne debe essere sta parlato da Nicolao Phrysio (¹) secundo la commissione alhora da noi data precipue sopra certe possessione, case, ed altri beni pertinenti a detto Aldo nel Castello de Asula (²), e perche epso Aldo per la doctrina,

(1) Nous avons vainement cherché la lettre précédente dont parle ici l'Empereur Maximilien. Quant à son Envoyé auprès de la Marquise de Mantoue, Nicolaus Phrysius, une lettre de créance en date du 18 août 1509 établit qu' il était, en effet, déja venu en ambassade à Mantoue. Ce fut alors qu' il dut parler à la Marquise en faveur de Messer Alde Manuce (Archives de Mantoue. *E. II. Corte Cesarea :* lettre datée du camp près la Brenta).

(2) Asola ; son territoire comportait sept milles de long sur six de large et avait pour confins le Mantouan et le pays de Brescia à l' ouest. Distant de Brescia, 25 milles ; de Parme, 30 milles ; de Mantoue, 20 ; de Cremone, 20. Avait un chateau fort. Le territoire comptait quatorze à quinze mille ames, et la ville, deux mille sept cents. Sous la domination vénitienne à laquelle le pays revint après la cessation de la guerre, il était gouverné par un Podestat délégué de Brescia (Archives de Venise: *Relazioni da terra* 1574-1586). La relation d' Asola est en date de 1587, par le N. H. Alvise Badoer.

bontà sua, e grandi comodi facti et va facendo generalmente a tutti li Litterati noi grandemente amiamo (¹), como etiam per li medesimi respecti non dubitamo sia amato da te, volemo in ogni sua occurrentia continuamente aiutarlo e favorirlo, per tanto quanto possemo te lo recomandiamo che sei contenta provedere li sia restituito dicta sua roba cum li fructi e denari inde percepti. Et si per qualche causa non potesse fare totale restitutione al mancho opera che in le supradicte robe contra dicto Aldo et anchora contra Andrea suo suocero al quale gia pertinevano non sia innuato cosa alcuna, et che li fructi de epsi restino sequestrati in mano de li presenti fictuali· e debitori, finche si possa in più apto tempo sopra cio conoscere quello vole la iustitia et in cio ne farai cosa gratissima.

Datum in Civitate nostra Imperiali Augusta Die Vigesima sexta Anno Domini MDX Regni nostri Romani Vicesimo quinto.

Ad Mañ: Cæs. Ma.tis ppm

De Bannissis. (²)

---

(1) Alde avait imprimé en août 1503 les *Cimbriaci Poe: Encomiastica* avec lettre dédicatoire de G. da Camerino à cet Empereur, ami des belles-lettres, et protecteur des lettrés.

(2) Signature du secrétaire de Maximilien Empereur (Archives de Mantoue. *E. II.* N.º 1. *Corte Cesarea.* Filza 455). Bien que cette lettre ne soit pas d'Alde et qu'elle ne lui soit pas adressée, elle est si particulièrement consacrée à ses intérêts que nous avons cru devoir lui donner place ici plutôt qu'à l'Appendice. C'est d'ailleurs un document fort honorable pour la personne du grand typographe.

XIX.

Le seizième de Janvier de l'année mil et cinq cent qua-
torze (¹), Messer Aldus Pius Manutius Romanus considérant
que nulle chose de ce monde n'est plus incertaine que l'heure
de notre mort, et, par la grâce du Dieu tout puissant, se trou-
vant sain d'esprit quoique infirme de corps, décide de disposer
avec ordre de ses affaires afin d'éviter après sa mort, les dif-
ficultés et les discordes qui pourraient advenir et dont il a
toujours été l'ennemi. Il a fait appeler un prêtre de Saint-Marc,
et le substituant à tout autre notaire, il lui a déclaré, par ces
présentes volontés, annuller toutes celles exprimées antérieu-
rement.

Messer Aldus Pius Manutius Romanus, recommande, avant
toutes choses, son âme au Créateur, à la Glorieuse Marie,
ainsi qu'à toute la Céleste Curie. Son désir est que son corps
soit porté à Carpi et enseveli selon que les très Illustres Sei-
gneurs Alberto et Leonello Pio en voudront bien décider.

Il constitue ses exécuteurs testamentaires; à Venise d'abord,
le Prieur de Saint Marc, le Magnifique Daniel Raynier, Messer
Pizzamano, Messer Ramusio et Messer Andrea d'Asula son beau-
père : à Ferrare ensuite, Madame la très illustre Duchesse (²),

(1) 1514 selon la coutume Vénitienne ; 1515 selon l'usage de dater
aujourdhui. À Venise, — nous l'avons déja fait observer — l'année com-
mençait au premier jour de Mars.

(2) La Duchesse de Ferrare était alors la célèbre Lucrezia Borgia ;
je dis célèbre, non pour des crimes dont un grand *drame* et un bel
opéra l'ont dite et montrée coupable, mais célèbre pour l'extrême
goût qu'elle avait aux belles lettres, aux beaux arts, goût dont les
témoignages abondent, dans tous les documents contemporains émanés
de la plume des écrivains, historiens ou poëtes, et des ambassadeurs
qui, ainsi que cet honnète Alde Manuce, avaient connu la cour de Ferrare à cette époque et la personne même de la Duchesse, aimable,
aimée, appréciée, et point empoisonneuse. Il suffit de se porter aux
textes du temps pour reconnaître les mille et une erreurs qui ont été
acceptées, depuis, sur le caractère de cette princesse dont le malheur
le plus vrai a été d'avoir pour père un homme tel que le Pape Alexandre VI, et pour frère le prince qui fut César Borgia. Voyez ce que disent
de la Duchesse de Ferrare le *Loyal Serviteur*, et Pietro Bembo, et Alde

Gaspard et Bonaventure de Bechari ; et dans l' une et l' autre de ces villes, Jean Baptiste Spinelli, Comte de Carati.

Sa femme, Marie de Toresanis, épouse prudente et sage, administrera ses biens jusqu' à ce que ses fils aient atteint leur vingtième année. Il lui abandonne sa dot avec les effets et bagues dont il a pris soin qu' elle soit bien fournie.

Sa fille, Alda, sera élevée au Monastère de Saint-François de Carpi. Quand elle aura seize ans, sil lui plaît de se consacrer à la vie monastique, elle prononcera ses vœux dans le dit monastère de Saint-François, recevant dès son entrée la somme de trois cents ducats. Si au contraire, son inclination la porte plutôt vers le monde que vers le cloître, il lui sera constitué une dot de six cents ducats, et elle se mariera selon l' approbation des Princes de Carpi et de Messer Andrea son aïeul.

Messer Aldus Pius Manutius Romanus déclare ensuite

Manuce, et surtout les ministres étrangers accrédités à Ferrare et qui n' avaient aucune raison ni aucun intérêt pour ne pas dire la vérité dans des dépêches dont le secret était assuré. Malgré tant de preuves contraires, les préjugés trouvent une si grande facilité pour se bien établir dans l'esprit des hommes, que l'on se sent presque ridicule à vouloir penser autrement que ceux qui n'ont rencontré Lucrezia Borgia que sur la scène où l'a mise le grand poëte. Victor Hugo — pour ce drame du moins — paraît n' avoir pas consulté d'autres sources que celles enfantées par son imagination puissante et merveilleuse. Pour le talent, elles suffisent ; pour l'histoire, il en faut d'autres.

Dès l'année 1505, il était sorti des presses de Messer Aldo un livre charmant dédié à la Princesse de Ferrare que, par anticipation, l'on appelait la *Duchesse*, sans doute avec la permission d'Hercule Premier duc régnant alors mais veuf : GLI ASOLANI DI MESSER PIETRO BEMBO. La lettre dédicatoire n' est pas encore un hommage direct de Messer Aldo à la souveraine, car c'est Bembo qui en est l'auteur, mais en janvier 1513, huit ans plus tard, quel élégant volume l'habile typographe lui dédia sous le titre de STROZII POETÆ PATER ET FILIUS ! La lettre d'Alde tenant lieu de préface est à l'adresse de la Duchesse et présentée dans cette forme toute romaine :

ALDVS MAN. ROM. DIVÆ

LVCRETIÆ BORGIÆ

DVCI FERRARIÆ

S. P. D.

Connaissant les relations littéraires que Messer Aldo s'était honoré d'avoir avec la Duchesse de Ferrare, j'avais espéré rencontrer des *prendre telles ou telles autres dispositions, parmi lesquelles les plus notables sont les suivantes :*

Son neveu Alexandre recevra un exemplaire de chacun des auteurs grecs et latins, imprimés ou devant être imprimés dans la maison.

Son agent, Blanco, recevra des exemplaires des ouvrages grecs et latins pour la valeur de douze ducats.

Ses fils, Manuce, Antoine et Paul se diviseront ses biens meubles et immeubles en parts égales. Tous ses vœux paternels sont pour qu' ils reçoivent l' enseignement des bonnes lettres et qu' ils soient élevés dans l' instruction des coutumes sages et honnêtes.

Interrogé par le notaire sur ses intentions à l' égard des congrégations religieuses, il répond : « Je ne veux plus rien ordonner ». Interrogé sur le fait possible des posthumes, il répond : « Mon épouse n'est point enceinte. »

détails intéréssans dans les dépêches de l' Envoyé du Duc Alphonse d' Est près la République de Venise, mais je n' avais rien trouvé lors de mes premières recherches dans les papiers de la maison d' Est, pendant mon séjour à Modène en 1861. Espérant être plus heureux avec l' aide de mon érudit ami, le Marquis Giuseppe Campori, bien familier avec les archives de Modène, je le priai récemment de me renseigner. Après de nouvelles recherches, sa réponse a ôté toute illusion à ma curiosité en m'assurant que la correspondance de Jacopo delli Tebaldi, envoyé de Ferrare à Venise à cette époque, avait depuis été décimée par un incendie. A ceux qui pourraient se demander à quel titre Messer Aldo avait pu nommer la Duchesse parmi ses exécuteurs testamentaires, il convient peut-être de rappeler que Messer Aldo étant né à Bassiano avait ainsi été le sujet de cette souveraine, alors qu' en 1499, elle était la Dame régnante sur le Duché de Nepi et Sermoneta. Il faut aussi dire que Messer Aldo avait des intérêts à Carpi, et qu' en ce temps là, Carpi dépendait beaucoup de la protection de la famille d' Est. Du reste en 1512, Messer Aldo avait paru à la Cour de Ferrare et peut-être avait il sollicité alors la protection de la Duchesse. Sa lettre dédicatoire des *« Poesie »* des Strozzi commence par ces mots : *« Cum essem Ferrariæ superiore anno, Diva Lucretia »*...
Nous reviendrons sur ces faits et nous les développerons avec tous détails dans notre histoire préparée et annoncée depuis bientôt six ans : *De la Vie et des Actes de* MADONNA LUCREZIA BORGIA, *de sa Cour et de son Temps* 1492-1519. La Collection de documents que nous avons formée pour cet ouvrage ne comporte pas moins de huit à neuf cents pièces provenant de sources contemporaines, de tout genre et de toute nature.

Enfin, comme le caractère cursif qu'on appelle « de chancellerie », QUEM CANCELLERIUM APPELLANT, peut être perfectionné, Messer Aldo prie Messer Andrea son beau-père de faire en sorte que toute perfection y soit apportée et que Messer Julio Campagnola soit invité à graver des MAJUSCULES propres à être employées avec ce caractère.

TESTAMENTUM DOMINI ALDI ROMANI.

Die XVI Jannuarii 1514. *Indictione III* « *Rivualli*

Cum vite sue finem unusquisque prorsus ignoret et nil in hoc mundo habeamus morte certius ac hora mortis ignotius : Quapropter ego Aldus, Pius, Manutius, Romanus, sanus omnipotentis gratia mente et intellectu licet corpore infirmus statui in hac egritudine componere res meas ut prudentes viri facere debent, ne post mortem meam lites et discordiæ oriantur, quarum semper inimicus fui, Ideo venire feci ad me presbyterum Nicolaum Moravium Ecclesiæ Sancti Marci Notarium venetum substitutum loco notarii numerarii, ipsumque rogavi ut hoc meum ultimum scriberet testamentum, atque post mei obitum compleret et roboraret juxta leges et statuta hujus civitatis Venetiarum, cum clausulis necessariis solitis et opportunis pro quod casso, revoco, et anullo omnia alia testamenta per me hactenus ubicumque facta.

In primis animam meam piissimo creatori ac gloriosæ Virginis Mariæ totique curiæ cælesti comendo. Corpus vero cum ex hac vita me excedere contingat,

volo quod deferatur Carpum et ibi sepeliatur quemadmo-
dum visum fuerit Illustrissimo Domino Alberto Pio illius
opidi Principi, et Illustri domino Leonello ejus fratri, quos
etiam volo et ordino esse meos comissarios pro negotiis
pro me inferius ordinandis et fiendis in illis partibus.

In hac autem urbe statuo meos comissarios Dominum
Joannem baptistam Egnatium (¹) priorem Sancti Marci,
Magnificum Dominum Danyelem Raynerio (²), Dominum
Dominicum Pizamanum q.ᵐ Domini Marci (³), Dominum Joannem baptistam Ramusium (⁴) compatres meos
carissimos et Dominum Andream Asulanum socerum
meum honorandum, quem rogo ut se gerat erga filios
meos et sit eorum patrem sicut jure et paterna pie-
tate tenetur. Ferariæ autem statuo comissarios meos

(1) Voir sur ce J. B. Egnazius le tome **XXXIII** de la *Raccolta Ca-
loyerana;* article du P. F. Giovanni degli Agostini. Il était grand lettré, ainsi que le prouve la *Lettre dédicatoire* de l'édition du Lactance
parue le deuxième mois après la mort de Messer Aldo. Cælii Lactan-
tii Firmiani divinarum institutionum Libri septem. *Venetiis,* Mense
Aprili M.D.XV in 8.° Édition dont cet Egnatio a pris soin et dans laquelle il a inséré deux *lettres* dont une est un *éloge funèbre* de Messer
Aldo dédié à Antonio Triultio ambassadeur du Roi de France près la
République des Vénitiens.

(2) Daniel Renier, Sénateur Vénitien ; il était de l'Académie Aldine.
Messer Aldo lui avait dédié plusieurs de ses jolies éditions, le Thu-
cydides de 1502 entr'autres, et en 1504 l'opuscule devenu si rare :
Oratio de Lavdibvs Literarvm græcarvm, etc.

(3) De l'Académie Aldine. Mourut en 1528.

(4) Zuane Battista Ramusio, Né en 1485 à Trévise. De l'Académie
Aldine et célèbre pour sa *Raccolta delle Navigazioni e Viaggi ,* etc.
(Giunti, Venise 1550). Fut secrétaire du Conseil des X et mourut à
Padoue en 1557. Alde lui a dédié le Quintilianvs de 1514. Voyez à
l'appendice une lettre intéressante adressée au Conseil des X dans laquelle il expose l'intention de Paul son fils de traduire en langue
latine l'œuvre française de Villebardouin « *Histoire de la conquête* de
Constantinople. » Lettre inédite et rencontrée par nous dans les archives
du Conseil.

illustrissimam Ducissam Ferariæ, Gasparem et Bonaventuram de Bechariis (¹) amicos meos, ac ubique locorum Illustrissimum Dominum Joannem Baptistam Spinellum comitem Cariati. Et quia in omnibus bonis prefati domini Andreæ soceri mei ac meis tam mobilibus quam immobilibus cujuscumque generis ad me pertinet ipsorum quinta pars prout constat Instrumento scripto manu Domini Joannis Francisci a puteo notarii Venetiarum quod combustum fuit, et postea confirmato per aliud instrumentum scriptum manu suprascripti præsbyteri Nicolai Moravii notarii. Et quomodo nescio quanta sit dicta quinta pars bonorum quæ habeo simul cum dicto domino Andrea socero meo, ideo volo quod post obitum meum fiat inventarium omnium bonorum qui habemus et calculentur cun diligentia computa et rationes nostræ, quod scio dictum socerum meum libenter facturum. Quibus rationibus factis volo quod dicta quinta pars bonorum omnium prædictorum mobilium et immobilium quæ ut supra pro indiviso habemus quæ ad me pertinet quanto citius fieri possit vendatur, et de ejus tractu emantur tot fundi et possessiones in territorio Carpi. Et quomodo habeo Mariam (²) uxorem suprascripti Andreæ filiam quæ est prudens et optimæ ac honestæ vitæ, ideo volo quod ipsa uxor mea sit Domina ac administratrix omnium bonorum meorum donec

(1) La famille des Beccari de Ferrare a produit des hommes de quelque renommée et entr' autres Agostino de Beccari l' auteur de la tragicomédie « *Le Sacrifice* » et précurseur de Giraldi, de Guarini et du Tasse, dans ce genre de composition. Gaspard et Bonaventure, les amis d' Alde, sont demeurés peu connus.

(2) La fille de Messer Andrea de Toresanis que Messer Aldo avait épousée l' an 1500.

omnes infrascripti filii mei pervenerint ad etatem annorum viginti quinque. Et si modeste ac honeste vixerit prout eam facturam puto, volo quod unquam cogi possit ad reddendam rationem aliquam fructuum per ipsam percipiendorum. Cui uxori meæ dimitto ejus dotem quæ est ducatorum quadringentorum sexaginta, et ultra dotem omnes vestes et anulos quæ sibi faciendos curavi de qua dote et rebus disponere possit prout ei visum fuerit. Verum si voluerit transire ad secunda vota nolo quod amplius administret bona mea imo teneatur reddere computum et rationem de fructibus per eam quocunque perceptis ac assignare commisariis meis quicquid dare restaret. Preterea quia est mibi puella nomine Alda (¹) volo quod ipsa educetur inter monachas et sorores Sancti Francisi in eodem opido Carpi statuta mercede singulorum annorum sicuti videbitur Principibus predictis. Et cum *nata* fuerit annos sexdecim extrahatur ex monasterio prædicto et rogetur diligenter sine deceptione aliqua an velit esse religiosa et si persisterit in hoc bono proposito reducatur in idem monasterium et ei dentur ducatos tercenti pro ipsius vitæ substentatione. Verum si amplius redere voluerit in monasterium, volo quod habeat pro dote ducatos sexcentos et vestes quas habuerit, et tunc nubat sicut videbitur Principibus prædictis et Andreæ avo.

Insuper lego et ordino duodecim puellis ducatorum viginti quinque singulis, ex quibus sex sint ex filiabus sororum mearum , sex vero ex aliis quæ sunt Carpi

---

(1) Alda Aldo mariée plus tard à un Catone de Mantoue. Voyez Cicogna : *Inscrizioni Veneziane*, Tome III, page 48.

sicut videbitur Principibus prædictis (¹). Una tamen filia nutricis quæ educat Paulum filium meum sit ex hoc numero.

Item lego Alexandro nepoti meo ex sorore unum codicem ex singulis autoribus tam grecis quam latinis

(1) Ces deux Princes Leonello et Alberto nommés si souvent dans le testament de Messer Aldo étaient fils de Lionello da Carpi qui avait obtenu en 1470 l'investiture de la principauté, dépendant toutefois de la Maison d'Est, et mourut en 1480, laissant de Cathérine sœur du célèbre Jean Pic de La Mirandole, les deux fils, protecteurs d'Alde, Leonello mort en 1525 et Alberto. — Ce dernier s'est rendu illustre et par les négociations les plus diverses auxquelles il fut mêlé et par les vicissitudes de sa fortune. Il était né en 1475, perdit et récupéra tour à tour sa principauté, vécut beaucoup en Cour de Rome, ambassadeur de l'Empereur près Leon X, puis de François Premier près Clément VII. Envoyé en France, il y mourut en 1531, agé de cinquante six ans. Il avait été marié deux fois, dabord à Camilla Gonzaga en 1494, puis à Cecilia degli Orsini en 1518. Il laissa deux filles, l'une fut Duchesse d'Atri, l'autre de Sermoneta. Son esprit cultivé, son goût pour les belles-lettres, son enthousiasme pour les *virtuosi*, lui ont assuré une place d'élite parmi les nombreux personnages de ce temps qui fut celui de Raphaël et de Castiglione. Il recherchait les beaux et bons livres, les manuscrits précieux, avait pour les Anciens un culte égal à celui que Machiavel s'honorait d'avoir, et pour approcher leurs œuvres, il eût volontiers revêtu, comme Machiavel aussi, sa plus belle toge. Une de ses bibliothèques (il en avait plusieurs) a subi comme son maître des fortunes diverses ; aujourdhui le Vatican la conserve. François Premier qui avait fort apprécié cet italien et l'avait employé au manège de ses intérêts au de là des monts, commanda sa statue à l'artiste Paolo Ponzio pour être placée dans l'église des Osservants à Paris ; elle est aujourdhui au Louvre.

Grand protecteur de Messer Aldo Manutio, il lui concéda plus que des lettres de noblesse puis qu'il lui donna son nom de Pio et que ce fut depuis cette époque (entre 1503 et 1505) qu'Aldo « Romano » signa légitimement *Aldo* Pio *Romano*. Espérons et souhaitons qu'un jour il sortira de quelque bibliothèque ou de quelque archive jusques à présent négligée ou restée mystérieuse, toute une série de lettres échangées entre le Prince de Carpi et le fameux imprimeur. Ces lettres ont dû être nombreuses. Que de détails elles nous révèleraient sur la vie, sur les sentimens, et sur les vicissitudes de Messer Aldus, si confiant à l'endroit du Seigneur de Carpi !

in humanitate tantum, ex his quos nunc habemus et deinceps curabimus imprimendos.

Lego præterea Blancho ministro meo codices tam grecos quam latinos prout ei placuerit usque ad summam ducatos duodecim.

Residuum vero omnium bonorum meorum mobilium et imobilium præsentium et futurorum etc. dimitto Manutio, Antonio, et Paulo (¹), filiis meis quos heredes meos instituo ad equas portiones. Qui semper educentur ibi aliquo preceptore in contubernio qui doceat eos bonas literas et mores.

Interogatus a notario de piis locis etc. respondi : « nole aliud ordinare. »

Interogatus de filiis posthumis ; respondi : « quod uxor mea non est gravida. »

Præterea quia est perficienda quædam *litera cursiva* quam *cancellariam* appellant, rogo ipsum Andream socerum ut velit eam literam perfici a Julio Campagnola

---

(1) Manuzio Manuzio, l' aîné, se voua à l'église et vécut à Asola où il mourut en 1568. Antonio Manuzio le second, s'établit à Bologne et y imprima. Paolo Manuzio, le troisième et le plus célèbre, né le 12 Juin 1512 à Venise, élevé à Asola avec ses frères, rétablit l'imprimerie Aldine quatre ans après la mort de Messer Andrea son aïeul. Depuis 1533 la marque de la maison était: *In ædibus heredum Aldi Manutii et Andreæ Asulani soceri.* Il en fut ainsi jusques en 1540; depuis, ce fut *Apud Aldi filios, e in Casa de' figliuoli d' Aldo.* Paolo fit des voyages et revint à Venise en 1546. Fondateur en 1556 avec Federigo Badoer de la célèbre academie *della Fama*, dont la belle devise était: « *Io volo al Ciel per riposarmi in Dio.* » Elle fut ouverte en Janvier 1558 et fut close en 1561. Paolo Manuzio invité per le Pape se rendit alors à Rome et y établit l'imprimerie qui en 1566 produisit le *Catéchisme du Concile de Trente.* Paolo Manuzio mourut en 1574 à Rome le 6 avril et fut enterré dans l'église des Dominicains de la Minerve.

Le famille des Manuce s'éteignit dans l'année 1601.

ut faciat *maiusculas* quæ inter suscribuntur et quæ adiunguntur *literis Cancellariis*.

Ego Marcus Antonius Sapa presbyter titulatus in ecclesia sancti Lucæ venetiarum testis rogatus et juratus subscripsi.

Ego Rogerius Claucus Abrutinus filius Julii Scipii A Claucis A Bucelano testis rogatus et juratus subscripsi (1).

(1) Copié, à ma requête, sur l'original déposé aux Archives des Notaires, à Venise, en foi de quoi la dite copie fut accompagnée de la note suivante, le vingt septième jour de mars de l'an mil huit cent et soixante cinq par l'officier de chancellerie alors présent:

Regno Lombardo-Veneto.

L'I. R. Archivio Notarile Generale della Provincia di Venezia

Certifica :

Che la presente Copia tratta di Ufficio e collazionata, concorda perfettamente con l'originale, esistente in esso Archivio fra gli atti del Notajo di Venezia Moravio Nicolò.

In fede di che firmata e munita del Timbro di Ufficio, viene rilasciata al committente Sig. Armand Baschet, verso pagamento delle relative tasse.

Da Venezia. Questo dì 27. Ventisette Marzo 1865. Sessantacinque

Giovanni Battista Perini, Cancelliere.

Le testament d'Aldo n'est pas un document inédit. Le Père Zaccaria de la Compagnie de Jésus dans sa *Biblioteca antica e moderna di Storia letteraria*, etc... (Pesoro. Stamperia Amatina 1768, Tome III, page 371), l'a publié avant nous, mais non point, comme nous, d'après le document original. Il n'avait connu qu'une copie . . . « el quale, dit le savant Père, con antica copia si conserva in Reggio nella bella raccolta dell'eruditissimo sig. Conte Achille Crispi. » Je ne m'explique pas pourquoi Renouard n'a pas publié ce testament en entier, il en a seulement reproduit un extrait d'après Cicogna. Si jamais la place de ce document était indiquée, c'était assurément dans un ouvrage aussi consciencieux et aussi soigné que celui des *Annales de l'Imprimerie des Alde* (Édition : 1834).

Terminons cette trop brève série de pièces inédites, publiées par nous ad memoriam Aldi Romani, *en disant que Messer Aldo rendit l'âme le sixième jour de février suivant, c'est à dire vingt et un jours après avoir dicté ses volontés dernières.*

Les curieux et les savants sont long-temps resté sans connaître l'époque précise de sa mort.

Une note de peu de lignes consignée par un Patricien Vénitien, Marino Sanudo, son contemporain et son ami, note rencontrée par l'érudit abbé Dom Jacopo Morelli, Bibliothécaire de Saint-Marc, à la page 295 du dix-neuvième volume manuscrit des Diarii, *est le seul document qui ait donné à connaître le jour du trépas de cet homme sage, honnête, laborieux, lettré, et que l'art d'imprimer des livres a rendu si célèbre.* « 1514, 8 février, *écrit Marin Sanudo:* Il y a deux jours que Messer Aldo Manutio Romano excellent humaniste et helléniste est mort. Il était gendre d'Andrea d'Asola imprimeur. Il a fait imprimer nombre d'œuvres latines et grecques soigneusement corrigées, avec des préfaces adressées à diverses personnes. Il m'a dédié beaucoup de ces petites œuvres à moi Marin Sanudo, et a composé une grammaire excellente. Le voila mort . . . . (1). »

(1) « In questa mattina essendo morto za do zorni qui Domino Aldo Manutio Romano optimo humanista et greco . . . . » (Voyez les *Diarii* à la Bibliothèque de Saint-Marc. Cinquante-huit vol. in folio man.).

Ce bon souvenir du bon patricien à l'endroit de Messer Aldo si bon imprimeur a quelque chose de charmant, et il le faut accueillir comme un touchant tribut de reconnaissance à celui qui lui avait dédié les Omnia Opera Angeli Politiani *de* 1498, *l'*Horativs *de* 1501, *les* Ovidii Metamorphoseon (*de* 1502) libri quindecim (1) *ainsi que le* Catvlvs Tibvllvs *et* Propertivs *de la même année. Honneurs immortels ! Merveilleux et pacifiques triomphes ! Tous ceux qui aiment les livres, fruits charmants d'une âpre besogne, entendront ce cri du cœur que je leur adresse d'un coin tout silencieux de cette Venise, jadis si grande en ses entreprises, si politique en ses affaires, toujours si belle et sympathique, et qui fut le théâtre même des luttes et des succès de Messer Aldo. Cet honnête homme y connut des peines, des joies, des revers et des triomphes. Ce fut donc là surtout que l'on peut dire qu'il a vécu !*

Sur la façade d'une maison d'un style tout vénitien et dont le balcon rappelle par sa forme un temps éloigné, près du Campo di Sant' Agostino, *se trouve une inscription taillée dans le marbre qu'un prêtre vénérable, heureux de rendre hommage aux esprits d'élite dont les œuvres ont illustré son pays, a fait placer en l'année* 1828. Dom Vincenzo Zenier *voulant perpétuer le souvenir de la résidence que Messer Aldo avait élue dans ce quartier de Venise, est l'auteur de cet hommage lapidaire :*

MANVCIA . GENS . ERVDITOR . NEM.

IGNOTA . HOC . LOCI . ARTE.

TIPOGRAPHICA . EXCELLVIT.

A peu de distance de ce lieu, et sur la paroisse de San Giacomo dall' Orio, au pied même du Pont dit del Megio, se trouve une maison qui au temps où Alde imprimait, était habitée par Marin Sanudo. Patricien, sénateur mêlé souvent au manège politique des affaires de sa patrie bien-aimée, grand et sincère ami des livres, écrivain, pendant le cours de quarante années, des faits notables de son pays sous le titre intime de

(1) Messer Aldus fit aussi hommage à Marin Sanudo des Pvblii Ovidii Nasonis Heroidvm Epistolæ. Volume de 202 feuillets non chiffrés contenant encore : *Elegiarum Libri, De Arte Amandi, de Remedio Amoris, ad Liviam Epistola.* etc. *Venetiis. Decembri MDII.*

Diarii, celui enfin à qui Messer Aldus a dédié tant d'éditions choisies et soignées (¹).

Lui aussi, sur sa maison a son inscription taillée dans le marbre, par les soins bien inspirés d'un étranger son admirateur, hôte de Venise depuis de nombreuses années, années pour lui charmantes, écoulées dans l'étude, loin de toutes ambitions. M.r Rawdon Brown a fait graver ces mots sur la vieille demeure du patricien qui avait consacré un temps si long à la chronique des affaires vénitiennes:

MARIN . LEONARDI . F. SANVTI . PATR
RERVM . VENET . ITAL ORBIS . Q . VNIVERSI
FIDE . SOLERTIA . COPIA . SCRIPTORIS
ÆTATIS . SVÆ . PRÆSTANTISSIMI
DOMVM . QVÆ . VIXIT . OBIT. Q. PR. N. APR. MDXXXVI
CONTEMPLARE . VIATOR

De telle sorte qu'à la rencontre de ces deux inscriptions si méritoires, le voyageur à Venise pour qui l'amour des livres est une grande chose et qui est au fait de l'amitié qui unissait ces deux hommes, tous les deux ouvriers de la plume infatigables, les peut confondre dans une même pensée, toute glorieuse et toute reconnaissante. Tel est le prix de tels hommages: bien grands pour ceux qui les ont mérités, honorables pour ceux qui ont mis du prix et trouvé du charme à les rendre (²).

Venise 9 avril 1867.

(1) Marin Sanuto, Conseiller, et à ce titre ayant place à la *Serenissima Signoria* en 1501, semble trouver plaisir et honneur à rappeler dans son *diario*, le 17 octobre 1501, qu'il a contribué à faire obtenir à Messer Aldo le privilége sollicité par lui pour l'usage des caractères cursifs auxquels nous devons le *Virgile*, l'*Horace*, le *Pétrarque*, et autres charmantes choses. « *Fu posto per li Consieri*, dit il, *me factore, la gratia di M.o Aldo romano far stampar libri opere e cosse e lettere nove: niun non stampi per X anni, ave tuto il Consejo.* »

(2) M.r Rawdon Brown n'a pas seulement honoré la mémoire de Marin Sanudo par une inscription de marbre, il a fait plus encore pour le renom du digne et méritant chroniqueur, en publiant les trois intéressans volumes connus sous le titre de « *Ragguagli sulla vita et sulle opere di Marin Sanuto detto il Juniore, Veneto Patrizio e Cronista pregevolissimo del secolo XV e XVI* » (Venezia, Alvisopoli 1837).

APPENDICE.

N.° 1.

REGISTRI *dits* NOTATORIO DEL COLLEGIO.

Ces registres forment une collection qu'il est important de consulter sur des matières d'ordre politique et d'ordre privé. Il serait difficile de déterminer plus spécialement le genre des documents très variés qu'ils renferment. Le *Collegio* appelé dans les temps plus anciens *Minor Consiglio* puis *Serenissima Signoria* était pour ainsi parler le *Ministère* de la République. Les patriciens qui le composaient, étaient le Doge et ses six Conseillers choisis, deux par quartier, et demeurant en charge pendant un an. Réunis aux trois chefs de la magistrature appelée la *Quarantie*, et aux Sages du Conseil, ils formaient la *Serenissima Signoria*. Il présidaient aux séances du Sénat et proposaient des lois à l'approbation du *Maggior Consilio*. Il appartenait aux six Conseillers (¹) de recevoir toutes les suppliques adressées par les citoyens au Doge, et ils en décidaient. C'est à cet

(1) Dans les temps plus anciens, ils étaient désignés sous le titre de *Capi de Sestieri;* leur *capitulaire* (siècle 13ᵉ) et 1400) se trouve aux Archives de Venise. *Biblioteca dell' Archivio*, Codice n.° 130.

unique titre que les registres de leur archive dits *Notatorio* contiennent des suppliques du genre de celles de l' imprimeur de Alde Manuce et publiées aujourdhui par nous (¹). Lorsque les suppliques méritaient d' être prises en considération, l' un des *Secrétaires* les transcrivait ou les rédigeait sur son registre (²). C'est ainsi que nous les avons rencontrées, en feuilletant progressivement une série de près de cinquante années.

Le plus ancien de ces registres porte la date de 1327-1383. Neuf précèdent l' année 1453, et depuis cette période jusques à l'année 1515, époque de la mort du grand typographe, les séries sont ainsi divisées:

Registro X.	1453—1460
»	XI.	1460—1474
»	XII.	1474—1481
»	XIII.	1481—1489
»	XIV.	1489—1498
»	XV.	1499—1506
»	XVI.	1507—1511
»	XVII.	1512—1514

Marin Sanudo, ce sénateur éclairé, toujours prompt à s'instruire, et auquel les Vénitien érudits doivent de connaitre tant de choses par les célèbres *Diarii* qu' il a

---

(1) Le Capitulaire des Conseillers existe aussi aux Archives de Venise. *Bibliot. dell' Archiv.* Cod. n.° 139. Ces sortes de livres qui sont comme les statuts des magistratures sont curieux à consulter. Ils indiquent comment les réunions se pratiquaient, l' ordre des séances, le costume des magistrats, les serments qu'ils devaient prêter pour la bonne administration de la justice. « *Daro opera*, devait dire le nouveau Conseiller, *di compire la giustitia et equita per tutti: di redur a fine e complmento tutte le petitioni*, etc. »

(2) « *Li ordeni consultadi per li conseglieri siano registradi.* » (Capitolare dei Consiglieri).

écrits depuis l'année 1496 jusques à l'année 1533,
avait, sans doute pendant qu'il faisait partie du *Collegio*,
consulté ces *annales* officielles de sa charge. On conserve
aux Archives de Venise un petit registre écrit de sa
main ainsi désigné par sa plume soigneuse : *Notabilia*.
Ce sont des extraits intéréssans pratiqués dans le plus
ancien des registres. Ainsi : « 1341, 28 Janvier, *Election
des ambassadeurs aux seigneurs de La Scala ; 1388, 14
Juin, idem au Marquis de Ferrare; 1375, 27 Mars, Désignation des monastères qui sont à Venise et dans les
îles circonvoisines; 1350, 17 Septembre, Information
donnée aux ambassadeurs au Roi de Hongrie lorsqu' ils
voudront écrire des choses secrètes à la Seigneurie :*

Pro Domino Duce intelligatur . . B.
Rege Hungariæ . . . . F.
Domino Papa . . . . V.
Ipsis Ambaxiatoribus . . . . L.
Baronibus Consiliariis (1) . . P.

1369 Juillet. *Des reliques conservées à Venise, parmi
les quelles la tête de Saint Ignace et l'habit que portait
Jésus Christ le jour où il lava les pieds des Apôtres* etc.

(1) Les chiffres étaient encore ingénus, en l'an 1350. Je n'en connais
pas de plus anciens dans les Archives de Venise. Plus tard, lorsque
la République étendit ses relations diplomatiques, elle perfectionna
cette branche du service secret, et l'artifice de ses *chiffres* fut réputé
remarquable auprès de toutes les chancelleries. Un diligent employé
aux Archives de Venise, M.r Luigi Pasini, a entrepris de composer un
travail très digne d'encouragement sur cette matière délicate et difficile, et il a réuni, pour le faire, des pièces d'un intérêt particulier :
LA STORIA DELLE CIFRE *usate nei dispacci degli Ambasciatori Veneti
presso le Corti Estere coll' indicazione delle leggi e Decreti che vi hanno
relazione.* »

Ces quelques indications sont suffisantes pour révéler aux curieux le genre de rencontres qu'ils pourront faire en ces manuscrits vénérables. Dans le volume X, je signale des détails sur le commerce des étoffes d'or, « *Officivm pannorum ad avrum ;* » 1457 9 mars, un décret concernant « *l'egregius et doctus vir Joannes Petrus Lvcensis conductus per Dominium nostrum ad publicam lecturam Rhetoricæ.* » Dans le volume XI : 1460 3 septembre, un *réglement* circonstancié à l'usage des *meretrices*, et le lieu de la ville assigné à ces *« peccatrices »* le tout sous ce titre: « *Infrascripta capitula conducta per capita sexteriorum fuerunt presentata Dominio per capita predicta ut rectificentur.* »

L'en-tête de la première page de chaque *Registre* est présenté dans cette forme, sauf le nom du Doge :

Jesus.

LIBER NOTATORII INCEPTUS DUCANTE SERENISSIMO EX.^{MO} DÑO PASQUALE MARIPETRO INCLITO DUCE VENETIARUM.

La page blanche de garde est le plus souvent couverte de sentences ou de *ricordi* intimes en écritures différentes : témoignages familiers du soin que les sécrétaires prenaient sans doute à essayer leur plume avant de se mettre à l'ouvrage, ainsi : « *Mors omnibvs eqva.* » « *Quidquid agis prudenter agas.* » Il y à aussi des essais de dessin à la plume, voire des têtes de doge peut-être ressemblantes.

Tel registre renferme aussi des renseignemens qui ont leur valeur pour préciser des faits dans l'œuvre des peintres employés d'office. Nous en avons extrait sur les

Vivarini de Murano, sur *Joannes Belinus pictor* (1480, die
1.ᵉ Julii, p. 127), sur le miniaturiste *Benedetto Bordone* (¹).

Quelle preuve de l'intérêt de ces *registres* plus importante à signaler que celle de la rencontre du document du 18 septembre 1469 par le célèbre abbé J. Morelli ? Preuve irréfragable que l'imprimerie n'avait point été exercée à Venise avant l'année 1469, ainsi que l'avait donné à penser l'erreur typographique faite par Jenson dans le millésime du *Decor Puellarum ?* Le dernier feuillet de ce rare et curieux livre porte en effet ANNO A CHRISTI INCARNATIONE MCCCCLXI PER MAGISTRVM NICOLAVM JENSON. HOC OPVS QVOD PVELLARVM DECOR DICITVR FELICITER IMPRESSVM EST. LAVS DEO. Après quoi, il était permis de dater l'imprimerie à Venise en 1461 et de la considérer comme introduite par Jenson. Le document signalé par Morelli prouva l'erreur. Jenson par l'omission sans nul doute involontaire d'un *X* avait rajeuni de dix ans l'exercice de la presse à Venise, car à la date du 18 septembre 1469, le *Notatorio Collegio* révèle que l'art d'imprimer vient d'être introduit dans l'*inclytam civitatem* : « *in diesque magis celebrior et frequentior fiet per operam studium et ingenium magistri* IOANNIS DE SPIRA. » Et par les détails

(1) A la page 26 du *Registro* XV. Anno 1500, 30 octobris. Je trouve la supplique très intéressante d'Antonio Cholb marchand allemand qui a fait graver une vue de Venise, peut-être le fameux plan de la ville et des lagunes dont on connaît aujourdhui si peu d'exemplaires... « *Cum sit che lui principalmente ad fama de questa Excelsa cita de Venecia quella habia facto justum et proprium retrare et stampare, la qual opera hora de poy lo tempo de tre anni fornita et perche . . . . si per la materia dificilissima e incredibile poterne far vero disegno si per la grandeza facta e de la carta che mai simile non fu facta si ancora per la nova arte de stampar forme de tal grandesa . . . . »*

subséquents du document, il demeure acquis que le premier prédécesseur d'Alde en la Venise si active et si hospitalière fut Jean de Spire et que le premier beau livre issu de l'intéressante officine fut un Cicéron, bientôt suivi du Pline : « *Iamque summa omnium comendatæ impressit* Epistolas Ciceronis *et nobile opus* Plinii , de naturali historia, *in maximo numero et pulcherrima litterarum forma.* » Rien de charmant et d'honorable comme tout le texte de cette pièce à glorieuse conviction: et si le savant abbé Morelli dont je ne me puis dire que le bien humble disciple n'en avait fait l'ornement de l'un de ses petits traités, je mettrais autant d'empressement que je trouverais de triomphe à lui donner place en l'imprimant ici avec des majuscules élégantes et choisies.

Que les lignes précédentes n'ont point pour but d'affaiblir le mérite de Jenson qui imprima après Jean de Spire et en même temps que Vindelinus, frère et successeur de celui-ci, il n'y a point de doute à avoir. Je les veux louer tous, ces premiers grands artisans d'une si merveilleuse invention, et bien que le *Decor puellarum* ne soit que le quarante-deuxième ouvrage qui ait été imprimé à Venise, ce n'est pas une raison pour le moins louer comme étant d'une admirable impression et de la plus jolie venue. Peu l'ont vu, car il est chose rare, et son joli titre est tout parfum «QVESTA SI E VNA OPERA LA QVALE SI CHIAMA DECOR PVELLARVM : ZOE HONORE DE LE DONZELLE: LA QVALE DA REGOLA FORMA E MODO AL STATO DE LE HONESTE DONZELLE (¹). »

(1) La première ligne du livre a quelque chose d'entraînant. « *Dilectissime fiole in Christo Iesu, mosso du li arcesi e calidi desiderii vostri . . .* »

Ce sont cent-seize pages du plus charmant aspect et dont le papier âgé aujourdhui de trois cents quatre vingt quinze ans est tout à fait digne de l' estime et de l' éloge des plus grands et des plus difficiles curieux.

Pour réveiller tant de souvenirs, les *Registri* qui m' ont amené à ce discours familier, sont utiles et surtout abondants en renseignemens depuis le n.° XIV (1489-1498). C' est ainsi qu' à la page 17, année 1490, se trouve la supplique d' un ingénieur pour le privilège de ses inventions dans l' art sans doute de faire le siége d' une ville ou d' une forteresse (¹), et de plus en cette supplique, je rencontre la date précise d' un décret dû à l' équité du Sénat en faveur des inventeurs (²). Le mois d' août 1492 ouvre la série désormais nombreuse des suppliques et c' est à la recherche des *notabilia* relatives à la personne de Messer Aldo que nous avons rencontré tant de demandes de ces priviléges adressés à la Seigneurie par des imprimeurs, des libraires, voire des auteurs qui l' ont précédé à Venise dans l' art qu' il y vint exercer (³).

(1) Albergheto Inzegner et conductor de opere belichose *provisionato de la Signoria Vostra per voler augmentar le opere sue in diversi modi et maniere che saranno de grandissimo commodo de la E. V. et generaliter a tutu questa cita et lochi de quelia* . . . .

(2) « *Ma perche del 1474 a di 19 Marzo fu preso parte ne lo Ex. Conseglio de Pregadi zeneralmente che chaduuno che fara edificii novi et non consueti a furse niuno altro non possano far quelli per anni X successivi senza consentimento expresso de li inventori.* » Pour le décret de 1474, voyez aux Archives de Venise le Reg. *Senato. Terra* 1473-1477, fol. 32. Votants 116 pour; 10 contre; 3 *non sincere.*

(3) La premier privilége mentionné sur ces Registres en matière de librairie et d' imprimerie depuis celui de 1469 est à une date bien postérieure: 18 août 1492. Exemplar Egidii Romani doctoris super libros *Phisicorum* Aristotelis. . . simile opus SANCTI THOMÆ AQUINATIS super *Naturalium* Aristotelis, etc.

Pour les temps qui suivirent l'époque Aldine, il faut chercher l'*histoire* des priviléges et des *license di stampe* non plus dans les uniques *Registri Notatorii del Collegio*, mais en plusieurs divisions d'Archives. L'entreprise en sera difficile et fatigante. Nous l'avons tentée, mais elle nous eût conduit si loin que nous l'avons abandonnée. Le témoignage officiel du nombre de documents à consulter est la *Raccolta de Parti prese in diversi tempi in materia di stampe.* Le Sénat, le Conseil

Voici encore les autres principaux noms rencontrés en poursuivant notre recherche de la première supplique de Messer Aldo : 14 février 1492. Symeon Bevilacqua et fratres Papienses librorum impressores : *Commentum Lucani.* Auctor SULPITIUS ROMANUS.

1492, 18 janvier. Alexander Chalcedonius. *Sermones* et *Quadragesimalia* Fratris ANTONII DE VERCELLIS, *de Fede, de Floribus, de Virtutibus.*

1493, Premier août : autre du même.

Idem 28 septembre. Georgius Arrivabenus impressor eximius.

10 octobre. Supplicatio eruditi viri SEBASTIANI MANILII civis Romani.

1493, 15 février (m. v). Bernardini de Benaliis.

Idem Mag.° Lazaro di Soardi.

Idem 27 février. « Supplicavit Ill.mo Dominio M.r Andreas de Toresanis Asulanus librorum impressor propter cum nuper maximo labore industria et impensa imprimere decreverit *Breviaria* vulgo da camera *secundum Curiam et Sanctum Dominicum* in forma magna et caratere grosso pro usu seaum ad quod proficiendum multas pecunias exposuit tam in comparanda optimo papiro ut in correctione operis pro ornamento . . . . »

1494, 4 avril. Barth. Merula litteratissimus vir.

1495, 2 Mai. Lazaro de Saviliano.

Idem 9 juin. Doctor Bernardinus de Landriano Mediolanensis.

Idem 28 juin. Eximius impressor Gregorius de Gregoriis (*Omnia opera* ALBERTI MAGNI nondum impressa adeo correda et emendata).

Idem 23 juin Hieron. Blondus de Florentia *Epistolæ* MARCI FICINI florentinis viri eruditiss. *opera quidem singularia e perutilia.*

Idem 10 juillet. Silvester de Tortis.

Idem 14 decembre. Mathio De Code da Parma.

Idem 28 janvier (m. v.) Joannes Tridinus.

Idem 16 février. Hieron. Blondus et Joannes Batista ejus socius.

Idem 20 janvier. Philippo de Pineyo Mantuano.

1495, 17 novembre. Zuanne de Lorenzo Bergamasco

des X, les Réformateurs à l'Université de Padoue, les Exécuteurs contre les blasphèmes (¹), ont plus ou moins proclamé, qui des décrets, qui des ordonnances à l'appui desquels il y aurait à rechercher les piéces justificatives les plus variées. Qu'il nous suffise donc pour mettre les chercheurs de ces documents tout spéciaux sur un chemin sûr, de dire qu'après avoir consulté les registres du Sénat et du Conseil des X, ils devront surtout s'attacher à épuiser leurs efforts sur les cartons des

1495, 29 février. Zuanne Tacuino.
1496, 9 mars. Bernardino Fontana.
Idem   Bernardino Rasina.
1495, 11 février. Stephano Rœmer citadino e libraro conzosiache esso supplicante habia messo molto tempo industria et spexa maxima a retrovar correzer e far le sue figure de una opera in astronomia chiamata *Epithoma* JOANNIS DE MONTE REGIO dignissimi doctoris et in la astronomica arte eruditissimo, la qual opera mai più e stata stampata per esser rara e etiam de paucissimi doctori vista, et questo perche cadauno chi podeva haverla, ha tegnudo come suo thesoro in occulto, azio altri doctori non dimandasseno per imprestadi . . . . etc.

1496, 16 decembre. Maestro Andrea de Torcsanis de Asola . . . « in bona et optima lettera et de bona corection tutte le *opere* de ZUAN DE IMOLA *in raxon civil e canonica* . . . »

Autres noms remarqués jusques au 6 décembre 1498· Georgius de Ferrariis, Lazaro Suardi, Locatellus, Rizo de Alba, Bernardino Stagnin, Stephanus et Bernardus di Noli, Andrea Manio Bressan, Guielmo Pintio da Vercelli, Gasparo da Cologna, Antonio de Sancti, Sabellicus, Gabriel de Bresidiella, Octaviano dei Petruci, Aloysi di Ravenna, Antonio Moreto da Bressa, Andrea Corbo de Corona, etc.

(1) Décrets du SÉNAT *in materia di stampe* 1518 1.er août; 1533, 3 janvier; 1537, 4 juin ; 1596, 14 juin ; 1602, 20 février; 1603, 11 mai et 21 janvier ; 1622, 17 septembre et 2 décembre; 1653, 24 septembre ; 1655, 4 février.

Décrets du CONSEIL DES X *in materia di stampe*: 1526, 29 janvier; 1542, 12 février ; 1544, 30 décembre, 7 février ; 1547, 17 mai; 1548, 19 juillet et 18 janvier ; 1566, 17 septembre.

Proclamation des EXÉCUTEURS CONTRE LES BLASPHÈMES *in materia di stampe*: 1565, 10 octobre.

Ordres des RÉFORMATEURS À L'UNIVERSITÉ DE PADOUE *in materia di stampe*: 1562, 19 mars; 1603, 10 mars et 21 janvier; 1608, 22 août; 1614, 13 avril ; 1616, 22 juillet ; 1680, 24 septembre ; 1697, 9 mars.

Rifformatori allo studio di Padova. Deux cartons isolés (1552-1559) sont intéressans entre tous, car les *licenze di stampe* qu' ils contiennent pour cette époque démontrent que le gouvernement de la République s' était associé des esprits éclairés dans tout les genres pour connaître d' eux le cas qui se pouvait faire de tel ou tel ouvrage. Nous avons remarqué parmi ces *lecteurs de l'Etat* Domenico Venier (1556), Paolo Manuzio (même année), Francesco Sansovino, idem (¹). Il est à déplorer que cette curieuse archive des *Réformateurs* soit aussi incomplète qu' elle l' est pour les informations littéraires du seizième siècle. Le dix-septiéme est au contraire fort complet et le dix-huitième plus encore. Parmi les cartons qui s' y rapportent, citons ceux vraiment curieux renfermant les permis d' imprimer accordés *sous condition de dater les ouvrages* d' un lieu indiqué hors de l' Etat Vénitien. Que d' erreurs la consultation de ces singulières autorisations permettra de réparer dans la bibliographie (²) !

(1) Voyez aux Archives de Venise, MAGISTRATO DEI RIFORMATORI ALLO STUDIO DI PADOVA: *Licenze per stampe*, filza 284: années 1552-1559. Les deux *filse* suivantes sont ainsi datées: 1609-1622; 1622-1630. Il y a alors une nouvelle lacune et la série depuis la *filza* 257 (1673-1680) se poursuit complète jusques à la *filza* 332 (1790).

(2) Voyez MAGISTRATO RIFORMATORI les *filse* 335 à 339 (1740-1795) *Permessi di stampe accordati dai Riformatori, ma con condizione di porre in fronte la data estera.* Titre: *Terminazioni stampe in data forestiera.* Les villes le plus fréquement indiquées pour ces dates feintes étoient — autant que j'en ai pu faire la remarque — Pesaro, Terni, Lyon, Ostiglia, Paris, Ferrare, Benevento, La Mirandola, Milano, Amsterdam, Roma, Ancona, Macerata, Lucca. La Seigneurie de Vénise, par ce singulier subterfuge, se montrait libérale sans courir les risques de la responsabilité à l'égard des puissances étrangères, parfois très susceptibles en matière d'impression. Disons enfin que l'Archive de cette importante magistrature des *Riformatori* est un fonds plein

d'informations en toutes sortes de *materie di stampa* principalement pour le dix-septième et le dix-huitième siècle. Intéressantes sont les *filze*, n.° 366, *Processi di stampe e libri* ; n.° 368, *Vertenze con Roma in materia stampe e libri* ; n.° 363, *Istoriografi della Repubblica*, etc.

La source des informations sur la presse Vénitienne, quant aux lois qui la régissaient, est donc en cette archive des *Riformatori*, dont un catalogue pratique et sûr a été dressé, il y a peu d'années, par Dom Glübich ; prêtre dalmate alors employé aux Archives générales de Venise. Une note curieuse trouve ici sa place, elle est la liste nominale des imprimeurs qui exerçaient à Venise en l'année 1634. Ils étaient au nombre de dix huit :

Nolta delle stamparie che al presente se trovano in Venetia (1634).

LI GIUNTI — *a San Stae.*

PIETRO CIERA — *a Sant' Antonio.*

NICOLÒ MISSERINI — *a Santa Maria Formosa.*

MARCO PINAMI — *in Marzaria* alla Speranza.

HEREDI DI GIO. GUERIGLIO — *a San Zulian.*

GIACOMO SARZENA — *a Santa Marina,* in Calle del Forner.

GIRARDO IMBERTI — *a Sant' Apostolo.*

ALESSANDRO VINCENTI — *a San Salvador,* in Marzaria.

ANDREA BABA — *a Sant' Antonio.*

FRANCESCO BABA — *a San Lorenzo,* in Borgologo.

PIERO MARIA BERTAN — *a San Gio. e Paulo,* in Barbaria delle Tolle.

ZUANNE CAGION — *al Ponte dell' Asedo.*

GIO. ANT. ZULIANI — *a San Fantin.*

HEREDI DI ZUANE SALIS — *In Biri.*

PIERO USSO — *a San Luca.*

PIERO MILOCO — *a San Luca.*

GIO. PIETRO PINELLI *Stampator Ducale* — *a Santa Maria Formosa.*

Ce dernier imprimeur fut le second du titre privilégié de STAMPATOR DUCALE ; il avait succédé dans cette charge à son père Antonio Pinelli par décret du Sénat le 28 janvier 1630. Le premier qui eut le privilège fut G. A. Rampazetto, le 29 janvier 1583, prorogé à son neveu Francesco, le 11 décembre 1607. Ayant dû subir une condamnation au tribunal de la *Quarantia*, Francesco transmit son privilège à Antonio Pinelli reconnu in *Pien Colleggio* le 13 septembre 1616. Institué le 22 décembre 1617 STAMPATOR DUCALE, Ant. Pinelli mourut en 1630 ; son fils Giovanni-Pietro fut déclaré privilégié le 28 janvier et exerça sa charge jusques en juin 1684, époque de sa mort. Ce sont de ces différentes imprimeries ducales que sont sorties toutes ces *plaquettes* si recherchées aujourdhui avec la marque officielle du Lion de Saint-Marc expressément gravé pour ces publications des *Decreti, Parti, Terminazioni* et *Ordini* des plus hautes magistratures Vénitiennes. Lorsqu'

Antonio Pinelli adressa sa supplique au Sénat en 1617, il avait imprimé déjà plus de quinze cents de ces plaquettes, « *havendo*, dit il, *con bell' ordine et multa spesa registrato* 1500 *et più* PARTE *et altre deliberazioni publiche.* » Voyez *filza* 227. Les *Ordini* e *Decreti* antérieurs à l' année 1583, c' est à dire à la date du premier privilége accordé à Z. A. Rampazetto sont néamoins très recherchés, comme étant plus rares. Il en est, dans le nombre, de fort soigneusement imprimés. Le Chevalier Cicogna en possède quelques uns sortis des presses du célèbre Marcolini. Des plaquettes à cette marque sont rarissimes.

Isabelle d'Est Marquise de Mantoue
et Messer Lorenzo da Pavia.

Madonna Isabella - car c'est ainsi qu'on l'appelait - était l'aînée des enfants issus du mariage d'Hercule Premier de la maison d'Est, Duc de Ferrare, avec Eléonore d'Aragon fille de Ferdinand Roi de Naples. Ce mariage avait eu lieu en 1473 et Madonna Isabella était née en 1474 le 18 mai. Si, n'écrivant pas de l'histoire, notre plume se pouvait permettre ici quelque liberté, nous dirions que le jour de la naissance de cette fille d'Est fut un jour enchanté, et que la Muse du bon goût et que la Fée des beaux-arts ont dû chanter des hymnes près du berceau de la délicieuse enfant, lui prédisant un avenir tout plein de merveilles. Jamais, en aucune famille souveraine, il n'est né une créature mieux douée pour l'entendement du beau, plus apte au bon goût, d'un esprit mieux fait pour se laisser charmer par la contemplation et la possession des chefs d'œuvres. Heureux qui écrira l'histoire de sa vie d'après toutes les pièces si peu connues, et si curieuses, et si nombreuses qui existent dans les papiers de la maison de Gonzague, maison au prince héréditaire de laquelle Madonna Isabella fut fiancée en 1480. Ainsi devint elle la Marquise de Mantoue. Les fêtes de son mariage célébrées dix ans après celles des fiancailles attirèrent dans la capitale du riche marquisat les plus illustres lettrés, les plus renommés *virtuosi* de l'Italie du Nord, et à peine la jeune Princesse eut elle pris le nom de Gonzaga et le titre de Marquise de Mantoue que tout le pays pût connaître qu'il avait pour souveraine une femme faite pour tout enchanter sur son passage. Son mari, François de Gonzague, excellent homme de guerre, grand capitaine, la quittait souvent pour aller aux campagnes où l'appelait se qualité belliqueuse, et pendant ce temps, Madonna Isabella s'adonnait d'autant plus à l'exercice des vertus charmantes dont elle était douée qu'elle devait y trouver quelque adoucissement à l'éloignement du Prince quelle n'a cessé d'aimer. Sa correspondance conservée en copies-lettres à Mantoue est un monument de curiosité, et ce n'est qu'en la consultant, en l'étudiant, que l'on pourra bien connaître cette femme éminente, cette princesse si éclairée, cette âme si avenante, cette protectrice des artistes, des lettrés, des gens d'élite en tous les genres. Il n'est pas un nom qui s'étant fait illustre pendant le cours de la vie de Madonna Isabella (1474-1539) dont elle n'ait désiré connaître les preuves méritoires. Curieuse de tout, désireuse de tout, elle a tout encouragé au chapitre du beau. L'histoire de sa vie n'a pas encore

rencontré un narrateur : seul, le Comte D' Arco (1), par
une brève mais intéressante série de pièces contemporaines réunies sous le titre de *Notizie di Isabella Estense* a
révélé le charme et l'attrait qu'aurait une si jolie étude,
tant pour celui qui s'occuperait à l'écrire que pour celui
qui se prendrait à la lire. Je m'étonne de n'avoir vu
personne encore entreprendre une œuvre de tant de bon
goût. Dois-je déclarer cependant que j'ai lu dans des
Gazettes et des *Revues* d'Italie qu'un grand curieux
et un excellent lettré, M.r Feuillet de Conches, quand
il aura terminé le voyage qu'il a entrepris à si bon
droit chez la Reine de France Marie Antoinette, voyage que le vent d'Allemagne lui a rendu si orageux,
passera sur le territoire de Mantoue pour y chercher
l'Isabelle et lui dresser la statue que ses mérites, ses
qualités, ses charmes, veulent qu'elle ait dans l'histoire ?
Je le répète, c'est un sujet d'or, c'est un chapitre enchanté ; heureux qui le traitera, bienheureux qui aura
pu lui consacrer et sa plume et sa mémoire et ses voyages et ses informations.

Madonna Isabella Marquise de Mantoue avait dans
toutes les grandes villes des agents ses dévoués servi-
teurs uniquement occupés à l'accomplissement de ses
volontés et désirs de souveraine artiste, et cette correspondance ainsi établie entre la souveraine qui écrit et
le messager dévoué qui répond, a formé un trésor
incomparable de renseignemens en art. À Rome, à

(1) Voyez Archivio storico (*Appendice*), Vol. II, pag. 206 à 326).
*Notizie di Isabella Estense moglie a Francesco Gonzaga aggiuntivi
molti documenti inediti che si riferiscono alla stessa signora, all'isto-
ria di Mantova, ed a quella generale d'Italia.*

Florence, à Naples, à Milan, à Ferrare, à Bologne, à
Venise, à Augsbourg, et près la Cour de France, la Marquise avait quelqu'un pour l'entretenir des faits nouveaux en cette matière si distinguée des produits de
l'esprit et du goût. Les ambassadeurs du Marquis son
mari avaient aussi fort à faire pour elle; l'ouverture de
leurs dépêches m'a permis de connaître que souvent
ils ont dépensé autant de temps et d'écritures sur le
fait d'un tableau de Raphaël ou de Titien qu'ils auraient dû faire pour l'annexion d'une province, si les
annexions eussent été de mode diplomatique en ces
temps là. Traiter de toutes ces correspondances et de
tous ces correspondants en ce numéro d'appendice serait
hors de propos; un tel soin voudrait d'ailleurs un cadre
plus large. Je n'ai à parler ici que de l'un des messagers
de la marquise, de celui qui allait pour elle chez Messer
Aldo, à Venise, de Messer Lorenzo da Pavia, enfin, et
par l'exposé de la correspondance *vénitienne* d'Isabelle,
le lecteur sera bien à même de se rendre compte de l'intérêt de la correspondance qu'elle entretenait *partout*.

Comment et où la Marquise avait rencontré Messer
Lorenzo da Pavia, je ne le sais. Peut-être lors de son
premier voyage à Venise en 1494, peut-être aussi par
l'intermédiaire de Madonna Beatrice sa soeur, seconde
fille de Ferrare, et femme de Ludovic le More pour
l'agrément de laquelle ce Messer Lorenzo avait conçu
et fabriqué un jeu d'orgue regardé alors comme un
chef d'œuvre. Ses premiers services pour la souveraine
de Mantoue sont en date de 1494 ou 95. Il lui fit
d'abord des luths, des clavicordes, et autres instrumens
à la mode à cette époque. La Marquise aimait et

cultivait la musique, et comme tout ce qu'elle avait se ressentait de son goût inné pour la forme élégante, belle, heureuse, douce à l'œil, Messer Lorenzo eut fort à faire pour contenter cette âme ambitieuse du beau. Il était du reste un artiste dans toute la force du mot et de la chose ; ce qu'il faisait, il le voulait bien fait. Il faut voir la peine qu'il prend pour ne rencontrer qu'excellentes les matières premières indispensables à la fabrication de ses jolis instrumens ! C'était surtout dans l'ébène qu'il travaillait, aussi dans l'ivoire, dans la corne ; de son métier, il était *intarsaiatore*. Peu à peu, ses rapports avec la Marquise devinrent très fréquents, et dès l'année 1497, la Marquise ayant vingt-trois ans, la correspondance se retrouve abondante et fournie. Messer Lorenzo est son agent à Venise : tableaux, livres, pierres gravées, objets damasquinés, tout cela pour le cabinet de curiosités de l'Isabelle, passe par ses mains soigneuses. Il informe, il approuve ou désapprouve, il conseille, il achète, et il envoie : telle est sa mission officieuse à Venise pour l'agrément de Madame d'Est et de Gonzague. Dans sa première lettre, il est question d'un luth dont il a eu la commande pour Madonna Isabella, le voilà prêt à être fini, mais une idée lui vient, une étoile incrustée sur ce luth serait peut être un signe charmant, il écrit à la jolie souveraine et lui demande son avis, ajoutant « *perche lebano e lazolio sono doe bele compagnie insieme.* » En Juillet même année, la Marquise veut un autre luth, bien accomodé à sa voix. C'est une mission difficile. Aussi que de peine pour Messer Lorenzo qui veut que pour la Marquise tout soit admirable, et il n'a pas encore trouvé d'ébène assez beau, assez noir! Il a un mode presque galant pour exprimer son regret : « *me molto dispiaciuto per che desiderava fare questo liuto, so certo avaria fato la più bela cosa de Italia et el melio, si per essere desideroso de fare cosa grata a quela che solum questo desiderio con parte del sapere fare, queste do parte causaria che faria per eccelencia.* » J'ai dit qu'il était un artiste par excellence, et dans une sienne lettre, je trouve ces mots « *perche ne la forma sta el luto.* » Cette profession de foi dans la bouche d'un ouvrier était certes faite pour plaire à sa belle patronne. Il n'y a d'ailleurs rien d'assez bon ; il fait le difficile jusques à l'extrême. La corde pour l'instrument ne lui paraît pas très bonne; celle de Munich est fort réputée; un allemand vient à passer avec de la corde de luth faite à Munich, il l'arrête et acquiert sa provision pour la Marquise. Un grand amateur, en l'an 1500, à Venise, était un certain messer Michele Vianclo « *quelo che a le piu bele cose in casa e che omo de Venecia* » : Messer Lorenzo est son grand ami, il le recommande à la Marquise, car par un tel goût pour la curiosité, il est digne d'être connu d'elle. Le 13 mars 1500, je rencontre ces mots précieux pour ajouter une date précise dans la vie de Leonard de Vinci : « *Le a Venecia* LIONARDO VINCI *el quale ma mostrato uno retracto de la Signoria Vostra che è molto naturale a quela, sta tanto benefacto non e posibile.* » Qu'est devenu ce portrait d'Isabelle d'Est montré ainsi par Leonard lui même à Messer Lorenzo à Venise au mois de Mars de l'an 1500 ? Long serait l'inventaire de tous les objets qu'il a adressés à la Marquise pendant les quinze premiers ans du seizième siècle: tantôt des miroirs de cristal ou de métal qu'il commande aux meilleures fabriques de Murano, tantôt des pierres dures qu'il fait graver par les maîtres ayant auparavant convenu du sujet et de la devise avec la souveraine ; tantôt de charmants objets d'ambre, tantôt des *cabinets* historiés, travaillés, ornés de colonnettes d'un goût irréprochable. Au mois de mai 1502, il est tout occupé avec Jean Belin, le peintre délicieux des Madonnes pensives et des *divini bambini musicanti*. La négociation fut longue, embarassée, parfois chagrine, car Messer Giovanni Bellini ou Johannes Belinus, comme il signait, n'avait point de hâte pour achever sa commande. Il y a une foule de lettres sur ce motif: elles vous font, pour ainsi dire, vous rencontrer quelques instans avec la personne de ce grand maître. Tout cela respire la vie de ce temps (1). En 1503, le voilà s'occupant beaucoup de « *doi vasi da bevere di qualche foza fantasticha e bela* », puis à des fleurs en cristal, puis à des bronzes arrivés de Rhodes. En 1505, le cabinet de Messer Vianelo est à vendre. Grande affaire pour la grande curieuse de Mantoue! Messer Lorenzo lui indique une peinture précieuse qu'elle doit acquérir, qu'il appelle *la tela di Faraone* et qui n'est autre que le *Passage de la mer rouge* peint par Jean de Bruges. Ce tableau a réuni de grands ambitieux, le jour de sa vente ; il est envié, convoité. Messer Lorenzo qui le veut à tout prix pour la galerie de sa patronne, est au supplice, et s'il pouvait se débarasser de la personne de Messer Andrea

(1) Nous avons adressé toutes nos *depouilles opimes* de Mantoue à la belle et intéressante *Gazette des Beaux-arts* qui les publiera sous le titre de *Journal d'un chercheur et d'un curieux à Venise et à Mantoue*

Loredan qui a été jusques à pousser l'achat a 115 ducats, Messer Lorenzo se sentirait plus tranquille. Mais pour connaître à quel point il attachait du prix à l'élégance des objets, au bon aspect des choses, à ce qu'on peut appeller le *bel ouvrage*, il faut le voir aux prises avec les volumes en *caractères cursifs* qu'imprimait alors Messer Aldo son ami et qu'il avait charge de faire tirer sur vélin et sur grand papier, pour le compte de la souveraine Isabelle d'Este et de Gonzague Marquise de Mantoue. De quelle reliure de choix il les voudrait voir orués!

Le 3 août, en effet, 1501, il envoie le *Pétrarque* à la souveraine, et s'il ne l'a point fait relier, c'est qu'il a pensé qu'elle le voudra faire couvrir de quelque belle chose et l'orner de fermoirs d'argent. Si cependant, elle en décidait autrement, il se chargerait de s'adresser à Venise au meilleur maître relieur. Du reste, récemment, il a vu aux mains d'un marchand venu des Flandres la plus belle reliure à fermoir d'argent qu'il ait jamais vue, et il est convenu avec lui que s'il lui remettait un *Virgile* ou un *Pétrarque*, il l'enverrait aux Flandres pour être apprêté de la sorte, et on l'aurait de retour pour les fêtes de Noël. La Marquise approuva ce beau projet : deux exemplaires de *Pétrarque* furent envoyés aux mains d'un relieur flamand. Ils ne revinrent point pour la Noël de la même année mais pour la Pentecôte de l'année suivante, et en les envoyant à l'impatiente souveraine, Messer Lorenzo lui dit : «*J'ai envoyé à Votre Seigneurie les deux* PÉTRARQUE *reliés en Flandre, j'ai trouvé qu'ils auraient pu être mieux apprêtés, car à moi il me semble qu'une chose pour votre Seigneurie n'est jamais si parfaite qu'elle ne puisse l' être plus encore.* » Avec de tels sentimens dans le cœur de son chargé d'affaires en matières et acquisitions d'art, je laisse à penser si la Marquise de Mantoue était bien servie dans Venise par cet honnête Messer Lorenzo da Pavia.

Quel serviteur elle a perdu quand il vint à mourir ! je n'ai point retrouvé la date de l'événement, mais comme depuis l'année 1516 environ, je ne rencontre plus de lettres de Messer Lorenzo, je conclus à sa mort par son silence. Ce fut peu de temps du reste avant le veuvage de la gracieuse Marquise, car François de Gonzague mourut le 29 mars de l'an 1519, et depuis lors Isabelle d'Est, chercha plus encore dans le culte sacré des choses belles des consolations à son déplaisir. Je l'ai suivie en 1524, 1525 et 1526 pendant son long séjour à Rome dont elle connut le terrible saccage par les troupes effrénées du Connétable de Bourbon. Ce fut une grande douleur pour son âme artiste que cet horrible pillage par ces soudards de Germanie et d'Espagne. Ce qu'elle sauva d'objets curieux, de marbres, de bustes, de statues délicieuses, de précieuses dépouilles, fut énorme. Mais en ce soin, elle fut mal servie par la fortune, car le navire qu'elle en avait chargé devint la proie du barbaresque qui piratait sur les eaux de Livourne. Après 1527, la Marquise, Princesse douairière, revint à Mantoue, près de Frédéric son fils, marquis régnant, fait duc trois ans plus tard par l'Empereur Charles. Titien vint alors à sa cour. La compagnie de tels hommes faisait ses délices et sa mémoire devra être honorée comme on ferait pour celle même d'entre les Muses la plus sympathique et la mieux inspirée. Elle mourut le 13 février à quatre heures et un quart de l'an 1539 et son corps fut enseveli dans le monastère des Religieuses de Sainte Paule à Mantoue. La soldatesque étrangère a dispersé et jeté au vent, en 1796, ses cendres vénérées et conservées jusques alors par un peuple à qui le souvenir de cette Princesse admirable et aimable était demeuré cher. Depuis son retour de Rome, en 1527, elle habitait ses délicieux appartemens, petits et intimes, dont on peut encore admirer les élégants débris, tout en haut du Palais Vieux à Mantoue. Dans leur abandon, il y règne encore un parfum d'art capable de toucher l'âme et d'émerveiller l'esprit, et l'on y découvre tracés encore ces quatre mots de la devise « *nec spe nec metu* » que cette femme douce, belle, *virtuosa et præclara*, avait adoptée depuis l'an 1505. La preuve en existe dans une lettre charmante à elle adressée de Blois où il était alors ambassadeur de Mantoue près la cour de France, Messer Mario Equicola d'Alveto, beau lettré de ce temps, auteur *Della Natura d'Amore* et autres écrits propres à charmer les beaux esprits des Cours italiennes qui telles que celles d'Urbin, de Ferrare, de Florence et de Mantoue, voire de Rome (Léon X y régnait alors) ! trouvaient de l'honneur à mettre en préséance les choses de l'esprit et du bon goût.

N. 3.

Lettres et préfaces latines de Messer Aldo.

Alde l'ancien était un *humaniste* éminent, et la belle latinité lui était aussi familière que la langue vulgaire. Il était fait pour vivre sous Auguste et pour se rencontrer chez Mécène, en amitié parfaite avec Virgile et Horace. À défaut de pouvoir pratiquer la personne de ces poëtes charmants, il a beaucoup usé de leur langage, et au besoin, il écrivait en latin des choses familières. Témoin cette jolie lettre adressée à la Marquise de Mantoue dont nous donnons çi dessous la traduction en bonne langue italienne que nous a complaisament apprêtée notre érudit ami le vice-bibliothécaire de Saint Marc M. Jean Veludo.

Aldo a Isabella Principessa di Mantova S.

Fu da me ne' passati giorni Gio. Battista Ascaloni, cultissimo giovane ; col quale conversando, come si fa, di più cose, siamo venuti in discorso di Voi : vo' dire, del favore che ad ogni dotto e virtuoso uomo largite, Voi non meno di buone

lettere, che di santi costumi adornata ; il che grandemente
accresce l'osservanza che io Vi porto, e che desidero di rende-
re, tosto ch'io possa, pubblica con qualche dedicazione. E frat-
tanto Vi offero in dono, da me recentemente stampati, la *vita
di (Apollonio) Tianese* col libretto di Eusebio contro Jerocle, in
greco e in latino, e inoltre i versi di *Gregorio Nazianzeno*, lati-
namente voltati, nè immeritevoli che li leggiate : sperando non
isgradiscano alla Maestà Vostra. E benchè io conosca che non
sono degni di venire in eccelse mani in così mal arnese, tutta-
via mi sono a ciò mosso, consigliato dal nostro Ascaloni, e con-
fidando nella benignità Vostra, tanto più, e Voi vel sapete, che
quelli a'quali manchi l'incenso, sogliono usare il salso farro
ne'sagrifizii. Servano pertanto a ricordare la venerazione che
alla Maestà Vostra io deggio grandissima. Venezia, 17. Luglio 1504.

*Alla Ill.ma e Osservand.ma Signora
Isabella Principessa di Mantova S*

Alde n'a pas écrit que des lettres en se servant du
latin, il a rédigé dans ce langage toutes ses préfaces,
parmi les quelles de fort belles. Un de nos amis, un
vénitien qui connaît bien la bibliothéque Aldine nous
disait récemment qu'une publication, dont le soin devrait
écheoir à quelque académie italienne bien inspirée, serait
l'impression par ordre de dates de toutes les *préfaces*
ou *dédicaces* de Aldo Manuzio adressées à ses différents
protecteurs et à ses nombreux amis dans le monde lettré
du temps. Soigneusement et fidélement annotés , ces
charmants écrits seraient un noble et docte hommage
à celui qui a tout sacrifié au culte littéraire des anciens
et à la propagation de leurs œuvres sous une forme

élégante. Tout mon cœur souhaite qu'une académie italienne, ou française ou anglaise, entende le vœu sensément émis par notre ami. Il y a à Londres une société éminente composée de grands personnages, ayant tous de l'érudition et du goût. Cette société s'est honorée plus d'une fois déjà en faisant son directeur un prince français qui a cherché dans le goût de l'étude et dans l'amour des livres à occuper les loisirs que lui a faits une injuste révolution dans son pays. Que cette noble société du PHILOBIBLON (1), si digne de l'éloge de tous les lettrés et de tous les curieux de l'univers, sur la motion du Prince, possesseur incomparable de tant de trésors, de tant d'œuvres qui sont les *raræ aves* du monde bibliographique, décide du fait de la publication des *Préfaces* d'Alde l'ancien ! Elles ont été le labeur de sa vie, elles en ont été aussi les délices, et plus d'une fois avec elles et par elles, il a épanché ses sentimens, il a dit ses faits intimes, il a énoncé ses plus beaux projets, et prononcé ses plus chères volontés. La véritable biographie d'Alde? Elle est dans ses préfaces. Puisse la société du PHILOBIBLON nous entendre ! Et c'est dans cet espoir que nous lui présentons l'intéressante liste des *Dedicatorie Aldine*. Puisse-t-elle l'agréer, après l'avoir revue et peut-être

(1) Cette Société existe à Londres depuis l'année 1855. Son premier patron fut le Prince Albert. Elle élit son Président et ses trois sécrétaires au mois de Mars de chaque année. Ses publications sont admirablement imprimées. Je voudrais pouvoir citer tous les noms des honorables membres qui l'ont composée depuis sa formation. Sir Charles Eastlake était l'un d'eux. Monsieur le Duc D'Aumale l'a souvent présidée ou patronée. William Stirling, Monkton-Milnes, H. Robert Curzon, Panizzi, Murray Edw. Cheney comptent aussi parmi ses membres.

augmentée, car nous ne pourrions garantir qu'elle fût sans erreurs et sans omissions (¹).

(1) *Organon* ARISTOTELIS. — Alde à ses amis.
ARISTOTELIS *Operum libri* (Vol. tertius) — au Prince de Carpi.
Istitutiones græcæ — à Pic de la Mirandole.
Dictionarium græcum — Alde à tous les Studieux.
ARISTOPHANIS *Comœdia novem* — à Daniel Clary de Parme.
Opera ANGELI POLITIANI — à Marin Sanuto.
JVLII FERMICI *Astronomicorum libri* — à Guidubaldo Duc d'Urbin.
PEDACII DIOSCORIDIS *Anaz* — à Donato, Patricien de Venise.
SANCTÆ CATHERINÆ *Epistolæ* — au Cardinal F. de Piccolomini.
T. LVCRETII CARI — au Prince de Carpi.
Poetæ Christiani Veteres — à Daniel Clary de Parme.
VERGILIVS — aux Studieux.
HORATIVS — à Marino Sanuto.
JOANNIS FRANCISCI PICI *Liber de imaginatione* — au Prince de Carpi et seconde préface à l'Empereur Maximilien.
JVLII POLLVCIS *Vocabularium* — à Elia Capreolo de Brescia.
Epistolæ familiare — à Sigismond Thurzo.
LVCANVS — à Antoine Morosini.
THVCIDIDES — à Daniel Renier, Patricien de Venise.
STATII SYLVARVM *libri V* — à Marco Musuro.
HERODOTVS *Libri novem* — à J. Calpurnio de Brescia.
La vita e sito di Zichi — à Sannazar.
VALERII MAXIMI — à Robert Cuspiniani et à J. Ludbranc.
OVIDII *Metamorphoseun* — à Marino Sanuto.
P. OVIDII *Epistolæ* — à Marino Sanuto.
CATVLLVS TIB. et PROPERT. — à Marino Sanuto.
AMMONII HERMEI *Commentaria* — au Prince de Carpi.
Opus varium . . . — à Accursio Mainero ambassadeur du Roi de France à Venise.
EVRIPIDIS *Trugœdiæ* — à Demetrius Chalconditas.
Opus varium ORIGENIS — à Egidio de Viterbe.
Opus varium — à Matteo Longio.
HOMERI *Opera omnia* — à Daniel Clary (2).

(2) Le nom de ce Daniel Clary se rencontre presqu'aussi souvent que celui de Marin Sanuto dans les *dedicatorie* d'Alde Manuce. Où Messer Aldo avait il connu Messer Daniel Clary ? Peut-être à la Cour de Carpi, peut-être en Lombardie, alors que Messer Aldo courait les villes, les cloîtres, les campagnes, à la recherche des bons manuscrits propres à servir à l'impression des œuvres des anciens. Dans la

Pontani *Opera* — à Jacques Collaurio et Suardino Suardo.
Vergilivs (1505) — aux Studieux.
Hecuba et Iphigenia in Aulide — aux Studieux.
Erasmi *Chiliades tres* — aux Studieux.
Plinii *Epistolarum libri* — à Alvise Mocenigo Sénateur.
Rhetores Greci — à Marco Musuro.
Plvtarchi *Opuscula* — à Jacques Antiquario.
Horatii Flacci — à Charles Geoffré Président du Dauphiné.
Cr. Sallvstii *de Coniuratione* — à B. d' Alviane.
Rhetorum Græcorum Orationes — à Fra Foseolo.
M. E. Ciceronis *Epistolæ ad Atticum* — à Philippe Cyulano.
Omnia Platonis *Opera* — à Léon X.
Alex. Aphroisëi *in topica* Aristotelis Commentarii — au Prince de Carpi.
Pindari *Olympia, Sylvia, Nemea* — à André Navagero.
Strozii Poetæ Pater et Filivs — à Lucrezia Borgia.
Rhetoricorum ad Herennium, etc. — à André Navagero.
Hesychii *Dictionarium* — à Bardellone de Mantoue.
M. F. Qvintilianvs — à G. B. Rhamusio.
Arcadia del Sannazaro — à l' Auteur.
Vergilivs (1514) — à Pietro Bembo.

publication des *Préfaces*, il serait important de consacrer quelques notes biographiques à chacun des personnages qui avaient mérité l' hommage littéraire du célèbre éditeur. Ce Daniel Clary appartenait à la famille de Bernardo Clary gentilhomme florentin à qui l' Empereur Charles IV avait en 1363 accordé l'indigénat. Etablie en Frioul, près Cividale, la famille perdit ses biens en cette province dans la personne de David Clary pour avoir servi Charles-Quint en 1554. Daniel l' ami d' Alde était le frère de David, il était né à Parme et fut professeur de belles-lettres et de sciences à Raguse. La ligne de Bohème (Prince Clary et Aldringen) dont Tœplitz est la Seigneurie, et qui depuis dix années environ, a résidence à Venise dans l' ancien Palais Priuli, aux Zattere , a pour ancètre direct Grégoire ou Georges Clary neveu de Daniel, le savant ami de Messer Aldo.

N. 4.

Pièces justificatives de l'aventure de Messer Alde Manuce en pays Mantouan.

Les pièces éparses dans divers cartons des Archives de Mantoue que nous avons réunies forment tout le dossier du *cas de Messer Aldus*. Il serait inutile de publier celles qui ne renferment que des détails déjà produits. Celles que nous présentons au lecteur sont les plus importantes après les lettres que nous avons fait connaître précédemment (¹).

(1) Voici du reste le résumé des informations recueillies d'après les lettres successivement adressées de part et d'autre pour l'instruction et la solution de cette affaire.

15 *juillet* 1506. Le Marquis de Mantoue avise son garde des frontières à Casa romana que Pompeo et Bastiano doivent prochainement passer. Il aurait plaisir que non seulement ils fussent arrêtés mais encore que quelqu'un de leur compagnie le fût aussi. Il lui adresse la patente pour ce faire.

17 *juillet*. Joannes Petrus Morarius préposé à la garde des frontières a vu le soir même du jour où il a reçu l'ordre du Marquis, passer deux hommes à cheval bien enveloppés dans leur manteau. Il s'est enquis de leur état et condition. Sur l'avis donné de se découvrir, l'un des deux piqua le cheval et s'en alla avec la grâce de Dieu. Il lui donna la chasse jusques aux confins d'Asula. Le fugitif se laissa tomber, et s'enfuit de l'autre côté, laissant le cheval et son compagnon

Ill.me princeps ac d̃ne mi Singular. Post humilem comendationem per volere exequire la impositione a me facta per littere di V.ra Excel.ia Zobia, pasata a la partita del chavalaro ad hore 24, a parse dui homini a cavallo inbavarati deli quali uno haveva uno penagio in el capelo el quale era roso et verde et dubitando fuseno de quelli me haveva notiflchato la prefata V. Ill. S. li domandai che herano et di che loco venevano et donde volevano essere. Me risposero con parole timide che venivano da Milano et dicevano voler andar

avec valises et sacs contenant des lettres, des manuscrits, des vêtemens et des pièces de monnaie. Il a tout retenu. À entendre le compagnon, le fuyard serait Federico de Ceresara. Il importe que le Marquis l'avise de ce qu'il devra faire du dit compagnon.

Même jour. Le Marquis de Mantoue répond à son préposé aux frontières que ce qu'il a fait est bien fait, il le félicite, et l'invite à lui envoyer sous bonne garde le compagnon qu'il a retenu avec ses valises et objets.

Même date. Messer Aldo Romano se fait connaître par une lettre au Marquis.

18 juillet. Lettre détaillée du préposé aux frontières (Elle est la plus curieuse après les lettres d'Alde et la plus complète).

Même date. Lettre de Messer Aldo au Marquis.

20 juillet. Autre lettre de Messer Aldo.

Même date. Nicoluus de Priuli, Gouverneur d'Asula pour la République de Venise, recommande au Marquis de Mantoue Messer *Aldo Romano*, l'assurant de son honnêteté, lui disant que sa captivité ne peut être que le fait d'une erreur.

21 juillet. Lettre du Podestat de Caneto au Marquis, l'avisant que Messer Aldo a été conduit à Caneto.

22 juillet. Le Marquis écrit au Podestat de Caneto afin qu'il remette au Président du Dauphiné la personne de Messer Aldo avec ses livres, et objets, sauf les lettres qu'il lui enverra sans en excepter aucune.

23 juillet. Le Podestat de Caneto envoie au Marquis les lettres de Messer Aldo. Il a restitué le reste. Le Président du Dauphiné est parti fort satisfait.

24 juillet. Le Podestat répète ce qu'il a dit hier. Il a présenté au Président Messer Aldo Romano.

25 juillet. Le Marquis de Mantoue renvoie au Podestat le sac de Messer Aldo avec les écritures qu'il contenait, lui recommandant de bien traiter sa personne.

25 juillet. Messer Aldo arrivé à Asula écrit au Marquis.

Même date. Lettre du Marquis à Messer Aldo.

a Venetia et che herano Venetiaui, et nuy ge rispondesimo
che il parlar suo non hera Venetiano. E per che il parlar suo
non hera Mantuano, gli ponesmo la mane in la briglia de
li cavalli digendo se voleseno scoprirse la faccia, et tucto ad
un tempo quelo dal penagio per esser bene a cavallo urto
et fugite, et laltro pigliaseme et subito saltassimo a cavalo
et ge desimo la caza in sina le confine de Asula et se buto
a piede et lase le robe de reto et salto in del fiume et se
salvo in una caxa del teretorio de Asula et subito mando
indreto uno vilano com il suo cavalo per volere quele robe
haveva lasato per la via: et nuy ge tolesimo il cavalo et nuy
havimo interogato com optimo modo costui havimo retinuto:
che nome il suo et la condictione sua. Dice luy domandarse
Aldo Romano il quale dice che V. S. il conosce, et ge domandai che hera quelo se fugito. Rispose che hera suo famiglio et dice che ha nome federico da Ceresare et gli disse
per che era fugito. Lui dice esser fugito, dubitandose per
esser bandito de le terre de V.ª Signoria et dicto *Aldo Romano* dice che eso cavalo et altre robe tolte al dicto federico
esser li suoe, zo he dicto *Aldo Romano*, del che per haver
scripto una altra mia ad V. S. del tenore di la presente, il
messo ha ritornato in dreto senza altra risposta: quale dice
haverla dacta al Capitanio da la porta di la Predela, et du-
bitandome che V. S. non lhabia habuta, ho voluto iterùm
notifichare il tucto a quela pregandola voglia advisare circha
a cio a la cui bona gratia de continuo me ofero et ricomando. Ex Casalis Romanis die 18 Julii 1506.

Ill.me D.m V.

Servitor fidelissimus
Jo. Petrus Morarrius.

Ill mo ac Er.ti nec non Mag.º
Viro D no de Franc º di Gon-
zaga Marchioni Digniss mo
D no meo Singulariss
   Mantuae.

Ill.me et Ex.nie Dñe Dñe honorand.e

Alcuni parenti de M+ Aldo Romano, che ha mogliere et habita a Venetia (homo veramente come credo intenda V. Ex.tia de virtu approbato) sono a me venuti, facendomi intendere quello cum dui cavalli, robbe, et denari essere sta retenuto a Casalromano, loco di V. S. da 16 del instante in qua: la causa se dice perche l'haveva cum lui un familio bandito dal Dominio di V. Ex.tia cuosa che tegno non sia sta di mente di quella, et che come sapientissimamente la intende! Il patre non die portar la iniquità del figliolo, ne il patron quella del familio, per essere etiam epso M+ Aldo grato a sua Ill.ma S. per le degne sue conditione prego V. S. (se la non ha altro contra lui, come credo la non habbia) la si degni, piacendoli farlo relaxare cum le anteditte robbe et danari suoi, che mi sara gratissimo et di obligatione a V. Ex.a a la qual mi ricomando.

Asule xx Julij m. d. vj.

NICOLAUS DE PRIOLIS
Asule Provisor.

Ill.mo S. mio. Io per una altra mia heri feci intender a la Ex.tia V. de la retentione facta per Jo. Pietro Moraro de quello homo nominato *Aldo Romano* et del suspecto che se havea in condurlo qua, per la qual cosa volendo dal canto mio usar ogni debito et viver per eseguire la volunta de la S. V. questa nocte passata lho mandato a tore a Casalromano et facto condur qua sotto la custodia mia. La Ex.tia V. poteva mo in questo disponer el voler suo et io eseguiro quello havero in comissione da quella. Ben me dice esso retenuto che io faza intender a la Ex a V.a de la conditione et detentione sua et chel crede che quella lo havera per recomandato per esser bon servitore de la S. V. et che cossi vole essere. Et io a la bona gracia di quella continuo me recomando. XXI Julii 1506.

Fidelis suus GALEAZ CAPENUS.

Ill.mo patroni e Ex.mo d.no mio
singul. D.o Marchioni

Chariss.e m. — Volemo che apresentati al Signor Presidente de Milano (1) m+ Aldo Romano cum ogni sua veste danari libri et cavalli, perche ad requisition di S. S.ria havemogli facta tal liberatione : volemo ben perho prima che mi mandate tutte le lettere che lui e il suo familio avesse seco, advertendo che pur una sola non fosse trafugata. Questo per chiarirmi la mente de certa informatione datami, et guardati a non prevaricare se amati la gratia nostra (2). Mantuæ xxii july 1506.

Potestati Canneti

Ill.me et Ecc.mo n.re Secondo la comissione data a my per m. Tholemeo circa le lettere e scripture de m. *Aldo Romano,* avemmo con ogni diligencia recerchate dicte scripture le qualle mandamo a V. E. et il resto de le sue robe li avemmo facte restituyre, salvo alcuno pigmolata che il potestate luy a tolto a farli avere. Monsig.r il Presidente (3) se ne andato, il quale se recomanda asay a V. S. e se partito molto bene honorato et cum gran suo contento di quella. De matina dio aiutante saremo da lei a la qualle humilmente se recomandamo. Caneti XXIII Julii 1506.

Servitor JULIUS DE GONZAGA.

A lo Ill mo et Ex.mo Segnor
Il Signor Marchese di Mantua

(1) Le 11 Juillet 1506, le Président Du Dauphiné, vice-Chancelier du Sénat de Milan pour le service de Louis XII, avait écrit d'Ablategrasso au Marquis de Mantoue pour l'aviser des instructions qu'il avait reçues du Roi sur la nécessité d'une entrevue avec lui. Il l'informe de son départ pour Crémone où il attendra sa réponse.

(2) Archives de Mantoue. *Carteggio del Marchese,* filza n.° 3005 (Comuni).

(3) Le Président avait eu son entrevue avec le Marquis à Mantoue le 20 Juillet. Gentilhomme français très lettré, il s'était empressé d'intercéder auprès du Marquis en faveur de Messer Aldo dont il connaissait certainement les éditions déjà si recherchées. Le Marquis lui offrant comme par grâce, la personne de Messer Aldo faisait ainsi le libéral et le magnifique à bon marché. Ce côté de l'aventure de Messer Aldo est vraiment plaisant.

Ill.me et Ex.me S. mio. heri per honorare Monsignor Presidente de Milano como la Ex. V. me scrissi, Io gli andai in contra de la da Acqua negra cum 30 cavalli et fantarie et cossi ad hore 23 giongessimo qua cum honore de schioppi et altre simili solennita, dopoi fu facta la cena molto honorevole, del che tanto ve e rimasta satisfacta la sua Signoria quanto se poteria dire. Questa mattina doppo a bonora e partito per andar a Cremona.

Praeterea io presentai quello *Aldo Romano* detenuto a la sua Signoria como la Ex.ᵃ V. me scrissi, doppo ho recerchato lo pr.° *Aldo* insema con le scripture sue, et non ho ritrovato se non le 9. reporto in mio carnero quale mando a la S. V. alaquela per debito mio significo el tuto, et a la bona gratia de quella continuo me ricomando Caneto 24 Julii 1506. (La giaveta del carnero e q. inclusa).

Fidelis suus GALEAZ DI CAPENIS.

Ill.mo e Ex.° Dn.° meo Sing.° d.°
Marchioni Mantuae

Charis.se nostre — Remandovi la bolgetta di M+ Aldo cum le sue scripture e chiavi qui incluse. Voi gli rendereti il tutto integralmente, facendoli fede che per le vertu soe gli siamo dispostissimi, sicche mai non lo potremo gratificare che no lo facimo voluntieri, et ad ogni sua posta lo lassereti andar ove gli piace (1). Mantuae, xxv july 1506.

Potestati Canneti

---

(1) *Archives de Mantoue. Carteggio Marchese*, filza 3005 (Comuni).

N. 5.

Messer Zuane Battista Rhamusio.

Sa famille tirait origine de Rimini, d' où Messer
Paolo son aieul était parti l' an 1458 pour venir à Venise et y mériter la qualité de citoyen. De son mariage
avec une Thomarys Machachiò, plusieurs fils étaient
issus, parmi les quels Zuane Battista qui devint célèbre.

Messer Zuane était né à Trévise en 1485 le 20 juin,
son père Messer Paolo remplissait dans cette ville les
fonctions de *Giudice contrò i maleficii,* son éducation
reçut les plus grands soins, tant à Venise qu'à Padoue,
et il réussit à être un homme de grand savoir, et de
grande habileté dans les langues mortes et vivantes.
Un an avant la mort de son père, Messer Zuane Rhamusio fut inscrit au registre des *Secretarii Estraordi-
narii di cancelleria* le 18 mai 1505 ; à celui des *Ordinarii*
le 30 avril 1513 ; parmi les Secrétaires *del Senato* le 8
janvier 1515, et en dernier lieu le 7 juillet 1533, il fut
élu l'un des Secrétaires *al Consiglio dei X.* Pendant cette

carrière de Secrétaire au service des la République, diverses missions lui furent confiées. Il négocia à Rome, en Suisse et en France. Louis XII goûtait sa société, aimait son érudition, et se plaisait à lui reconnaître une modestie d'autant plus louable et surprenante que, déjà dans ces temps là, cette qualité charmante était rare chez les gens de sciences et de lettres.

L'étude favorite de Messer Rhamusio était celle de la cosmographie. En dehors des soins de sa charge dans l'Etat, il lui consacrait tous ses loisirs ; sa correspondance était active et distinguée. Parmi ses familiers, il comptait Gonzalo Fernando d'Oviedo historiographe de Charles-Quint, Baldassare de Castiglione Nonce en Espagne, Andrea Navagero Ambassadeur, Messer Aldo Manuzio, Messer Fracastoro, et le navigateur Sébastien Cabot. Sa curiosité s'était portée de bonne heure aux Relations des récents voyages accomplis dans les mers lointaines où Colomb avait couru sa grande aventure. Cette curiosité de Messer Rhamusio nous a valu le précieux ouvrage *Delle Navigazioni* etc. le plus utile encore à consulter sur les anciennes entreprises des hardis navigateurs avant le seizième siècle. Il recueillait les moindres récits, il faisait cas de ces feuilles presque volantes qui disaient les aventures de ces grands coureurs de pays inconnus, il les annotait et il les commentait. Chacun, sur de tels faits, consultait Messer Z. B. Rhamusio. Dans sa maison de Venise, il y avait école de cosmographie, et Messer Aldo la fréquentait, voulant s'instruire auprès de ce sage docteur. L'année 1524, il s'était marié à la noble Franceschina Navagero qui huit ans plus tard lui donna un fils.

Fatigué des affaires, il renonça, déjà vieillard, aux devoirs de la charge qu'il avait à remplir auprès des Dix, et s'étant retiré à Padoue, il y mourut le 10 juillet, un samedi, âgé de 72 ans. Son corps fut transporté à Venise et enseveli dans l'église de la *Madonna dell' Orto.*

Messer Z. B. Rhamusio est un personnage charmant à rencontrer parmi tous les érudits de son temps. Grâces au chapitre que lui a consacré mon vénérable maître en informations vénitiennes, le chevalier Emmanuele Cicogna, dans ses *Inscrizioni Veneziane* (¹), la connaissance que j'ai faite de sa modeste personne et de sa nature d'esprit toute sympathique, a été complète. Sa grande amie était l'étude. Que d'heures bienheureuses il lui a dédiées, pendant cette longue existence, tant à la villa Rhamusia dont il avait hérité que dans sa maison de Padoue, disposée, arrangée, ornée d'après ses plans et selon ses goûts! C'était là qu'il fallait surtout chercher à voir Messer Rhamusio, là, au milieu des marbres qu'il avait réunis, au milieu des inscriptions antiques

---

(1) Voyez dans le Tome VI, page 322 et suivantes, divers documents relatifs à Z. B. Rhamusio et entr'autres des lettres d'Andrea Navagero. Celle du 13 janvier 1515 parle d'un exemplaire du Virgile imprimé par Alde, relié par Alberti et *miniato* par Benedetto Bordone.

C'est le tome II des *Inscrizioni* qu'il faut consulter pour la belle notice qu'il renferme sur Z. B. Rhamusio (page 310 et suiv.), à propos de l'inscription érigée par le fils à sa mère dans l'église de la *Madonna dell' Orto* en 1538 :

THOMYRI . RHAMNVSIÆ . JO : BAPTISTA .
RHAMNVSIVS . SENATVS . VENETI . SCRIBA .
MATRI . OPT . ET BENEM . POSVIT.
MDXXXVIII.

Paul Veronèse avait, dans l'un des tableaux qui ont été détruit par l'incendie de 1577 au Palais Ducal, représenté la personne du savant Secrétaire des Dix parlant au Sénateur Andrea Gradenigo.

dont il avait décoré ses murailles, heureux d'admirer les belles peintures qu' il avait demandées aux grands pinceaux Vénitiens tenus alors par des Veronèse, des Titien, des Tintoret, des Palma. Messer Aldo Manuzio ne l'avait point connu dans sa gloire, puisqu'il était mort en 1515, et que Messer Rhamusio comptait à peine trente ans alors, mais l' amitié qu' il avait pour lui, et la confiance qu' il lui avait inspiré, prouvent combien déjà le notable cosmographe était estimé des gens de savoir les plus renommés. Le premier volume des *Navigazioni* (¹) parut en 1550, et le tome III qui fut imprimé avant le second, porte la date de 1556. Messer Rhamusio mourut un an après la publication de ce volume précieux, et le plus intéressant de tout l' ouvrage, étant celui qu' il a consacré à l'examen des découvertes dans le nouveau-monde.

Messer Zuane Battista avait eu un fils, ainsi que nous l' avons dit, de son mariage avec la Franceschina Navagero. Ce fils fut Messer Paolo, né le 4 juillet 1532. À l'école du père, il prit goût à l'étude et devint tôt l'ami éclairé des anciens. Versé dans toutes les élégances de la belle latinité, il entreprit d' intéressans travaux parmi lesquels la traduction en langue latine de l'ouvrage en vieux français du Maréchal de Champagne, Geoffroy de Villehardoin, dont Messer Francesco Contarini ambassadeur en Flandre, avait récemment rapporté un exemplaire manuscrit à Venise. Cette interprétation? Ce fut Messer

(1) Tome premier publié en 1550. Editions augmentées, 1563, 1588, 1606, 1613.
Tome second publié en 1559. Editions augmentées, 1583, 1606.
Tome troisième publié en 1556. Edition augmentée, 1606.

Z. Battista qui en présenta le programme au Conseil des X, sollicitant pour son fils une récompense dans le cas où, faite et terminée, elle serait agrée par cet illustre Conseil. Et c'est des papiers mêmes du célèbre Tribunal que nous vient la notable lettre de celui qui, tant d'années, avait été son secrétaire fidèle, érudit et dévoué. Il nous a plu de donner ces détails sur un de ces Vénitiens, familiers de Messer Aldo, afin de manifester par des preuves quel genre d'amis, et quelle nature d'esprits, avaient accès dans la maison du typographe dont le nom commandera toujours l'admiration et le respect. Voici donc la lettre savante, jusques à présent inédite, de ce Messer Rhamusio, telle que nous l'avons rencontrée dans la *filza* soixante-troisième des *Letterc e Parti comuni* de l'Archive du Conseil des X. Elle est accompagnée des deux décrets du Conseil y relatifs, l'un commandant que le projet soit envoyé à l'examen et soumis au jugement des réformateurs de l'Université de Padoue, l'autre approuvant le dit projet.

Eccellentissimi Domini

Una delle Gloriose, et memorabili imprese, che habbi mai fatto questo Eccellentissimo Stato fu quella quando l'anno del Signor 1204 andò all'acquisto dell'Imperio di Costantinopoli, e di tutta la Grecia. Il Serenissimo Principe di questa Repubblica M. Rigo *(sic)* Dandolo in compagnia di quelli tre gran Principi oltramontani, Balduin conte di Fiandra, Henrico suo fratello Conte di S. Polo, Luis Conte di Bles et Clarimont, il qual doppo acquistato, fu diviso in quattro parti: Delle quali questo Illustrissimo Stato ne hebbe una, et la mittà d'un'altra. Di sorte che gli Serenissimi

Principi si davano titolo *Dominator quartæ partis, et dimidiæ
Imperij Romani* et durò il possesso integro di quest'Imperio
per spatio d'anni 58 et ancor ne dura una parte, cioè l'Isola
di Candia, le Isole dell'Arcipelago, il Zante, la Ceffalonia,
et Corfù. L'Historia veramente di così grande et notabil impresa non è stata fin hora scritta particolarmente in alcuna
cronicha ne volgar ne lattina, ne manco dal Sabellico, ne
dal Biondo, ne dall'Egnatio se non brevissimamente, et in
molte parti contraria alla verità, come si ha fatto conoscere
a Vostre Illustrissime Signorie et al Magnifico Cancellier grande, et a tutti li Secretarij dell'Illustrissimo Consiglio di X.
Hora essendosi veduto il libro del Signor Goffredo di Vil-
lharduin, Marascalco di champagna, che fu uno delli sei ora-
tori, che venero a Venetia per nome de i sopradetti Signori
a far l'accordo, le lettere credential de i quali insieme con
tutte le convention et patti, si trovano registrate in Cancelleria nel libro chiamato il *patto primo,* et scrisse questa
Historia con tutta quella diligentia che dir si possa in lingua
Francese con molta laude del Serenissimo Principe Dandolo
et di tutta questa Eccellentissima Repubblica. Il qual libro
il Clarissimo M. Francesco Contarini il Procurator, quando
fu nella Legation di Fiandra, tenne modo di havere, et havuto, lo portò in questa Città, nel qual si vede che la Scrittura e molto antica, et fatto già più d'anni dusento ; Però
io Zuan Battista Rhamusio suo fidelissimo Servitor ho pen-
sato esser di grandissimo honor et Gloria di questo Eccellentissimo stato, quando detta *Historia* scritta dal Signor
Francese con tanta laude di questa Republica venisse in luce,
et che tutto il mondo conoscesse la magnanimità, et grandezza di questo stato da così grande, et illustre impresa. Per
tanto mi offerisco di tradurla dal Francese nella lingua nostra volgar, et appresso acciocchè li Francesi medesimi la
legano ancor loro di farla stampar in Lione, secondo che l
detto Signor Giuffredo la scrisse, ma quel che importa più,
et dove consiste la Gloria, et reputation di questo Eccellentissimo stato, che grandissima nasce da così illustre fatto,
è, che in tutti li paesi di Christiani, et dove si estende la
lingua latina, sia letta questa *Historia,* della quale niuna

ancora da Republica alcuna, dalla ruvina della Romana fin qui possiamo dire esser stata scritta la maggiore. Per fare il qual effetto offerisco l'opera, et faticha di Paulo mio fiol et suo Servitor il qual la farrà latina con tutto quel studio, et diligentia, che per lui si potrà maggiore, accrescendo con le altre cose, che si trovano scritte nell'Historia di questa Città, et nelli libri pubblici, che sono stati da questo autore pretermessi; et ornandola con tutti quei lumi et di parole, et di concetti li quali possano far l'*historia* et bella et ornata non manco di alcun alcun altra che fin hora sia stà scritta da alcuno di questi, et di passati tempi, delle faccende di questo eccellentissimo Stato. Et acciocchè questi Signori Illustrissimi siano sicuri, che questa promessa possa riuscir, Vostre Eccellentissime Signorie saranno contente di commetter alli Clarissimi Signori Reformatori sopra il studio, che legano delle *compositioni* dil detto Paulo mio fiol fatte fin hora, et rifferiscano in scrittura con sacramento, se le pare chel sia atto a far questo effetto, o non, et refferendo che sì, le piacia all'hora di dare il carico ad esso mio figliolo, di tradurre questa nobilissima *Historia* nel latino, come di sopra ho detto. Et perchè il far ciò (per essere l'*Historia* di questo libro longa) vorrà tempo et faticha di qualche anno, massime havendola a far di tal modo, che non sia indegna della grandezza et dignità di questa Illustrissima Republica. Supplico le Vostre Eccellentissime Signorie che si degnino in ricompensa di tal faticha, et industria, di concedere al preditto Paulo mio fiol un officio primo vacante così in questa Città, come di fuori doppo le altre spettative fin hora concesse, che li renda ducati 150 in circa all'anno, il qual officio egli possa ponere in nome d'un suo figliolo come et quando gli parerà, per sostentatione di sua famiglia, con condittione chel non possa conseguir il detto benefficio, se non haverà fornita l'opera, et che ella sia stata veduta dalli Signori Reformatori, i quali habbiano a refferir le opinioni loro con giuramento alli Eccellentissimi Signori Capi sopra la qualità dell'opera et che sia poi conosciuto per i do terzi delle Ballotte di questo Eccellentissimo Consiglio lui haverlo meritato Gratie etc.

1556 die x decembris

*Respondeant huic supplicanti Clarissimi Domini Reforma-
tores Gymnasii Patavini, et visis videndis, imprimisque ope-
ribus Paulo Rhamusio, dicant suam opinionem cum Juramento
et subscriptione manus propriae, iuxta formam legum.*

E. Joanes Andreas Badoerius   C.CX
E. Aloysius Donato   . . .   C CX
E. Francisco Superantio . .   C.CX

*Marcus Ant.ˢ   Busenello Ducalis
Notarius ex.ᵛⁱᵗ*

1556 die 23. Januarij in Cons." X

Che l' oblatione fatta dal Circospetto e fidelissimo Secre-
tario nostro Gio. Batista Rhamusso sia accettata secondo la
supplicatione sua hora letta, cioè chel sia obbligato di tradur
di lingua Francese la *Historia* scritta da D. Geofredo di
Villarduin dell' *impresa dell' Imperio di Costantinopoli* fatta
dalla Signoria nostra con li altri confederati, et quella far
scriver latina dal Fidelissimo nostro Paulo suo fiolo del modo
chel si ha offerto. Dovendo esso Gio. Batta farla stampare
in lingua Francese, si come è stata scritta, in ricompenso
delle qual fatiche, sia concesso al detto Paulo un officio primo vacante così in questa Città, come fuori, dapoi l' altre
aspettative fin hora concesse, che li renda ducati 150 in circa
all' anno, il qual officio possa poner in nome d' uno suo fiol,
come et quando li parerà per sostentatione della sua fame-
glia, con conditione, che 'l non possa conseguir il detto beneficio, se prima non haverà atteso a tutto quello, che l' ha
promesso, fornita l' opera, et che ella sia stata veduta dalli
Riformatori del studio li quali habbiano a refferir l' opinion

loro con giuramento (1) alli Capi di questo Consiglio sopra
la qualità dell'opera, et se non sarà poi conosciutto con li
doi terzi delle Ballotte di questo Consiglio lui haverlo meritato.

Franc.s Rubeus Duc.s Not s

(1) Messer Paolo Rhumusio fils de Messer Zuane présenta en
effet la traduction de l'*Histoire de la Conquête de Constantinople* au
Conseil des X l'année 1572, et la lettre d'hommage se trouve en
original parmi les documents conservés et classés dans l'Archive des
Dix sous la rubrique « *filze Parte Comuni.* » Anni 1572-1573. A la
lettre de l'auteur se trouve joint le rapport demandé aux Réformateurs de l'Université de Padoue sur le mérite de l'ouvrage. Girolamo
fils de Paolo prit soin plus tard de faire imprimer cette traduction
qui parut l'an 1609 à Venise in folio *apud hæredes Nicolini.*

N O T E.

Sur Messer Giulio Campagnola.

Le nom de Maître Julio Campagnola se trouve fort honorablement rappelé par Messer Aldo dans son testament. Ce souvenir du grand typographe à l'honneur de son graveur habile suffisait pour donner lieu à un commentaire de notre part sur la personne de cet artiste célèbre. Nous avons donc mis tout en œuvre pour produire des documents nouveaux relatifs à la vie laborieuse de Maître Campagnola, mais nous n'avons rien rencontré qui ne fût particulièrement connu. Telle est l'explication de notre silence sur un tel nom dans les notes de l'opuscule et dans les commentaires de l'appendice. Un de nos savants amis d'Italie qui est aussi un curieux aimable, un esprit fort lettré, un bibliophile de bonne race, le Marquis Girolamo d'Adda, répondant à une question que nous lui avions adressé de Venise, nous écrivait il y a peu de jours, sur le compte de cet artiste, ces quelques lignes vraiment faites pour montrer tout l'intérêt qu'il y aurait à rencontrer des informations nouvelles sur un nom si cher à tous les admirateurs de l'art au *cinque cento.*

« Il est sur tout connu comme graveur sur cuivre et comme inventeur de la gravure pointillée au maillet (opus mallei) procédé avec lequel il obtint des effets des plus heureux. Son œuvre gravé ne comprend tout au plus que seize à dix-huit pièces plus rares les unes que les autres, très recherchées des amateurs et se vendant a des prix tres élevés. Les plus amples détails se rencontrent dans l'intéressante Monographie de Giulio Campagnola publiée par notre savant ami Emile Galichon dans la Gazette des Beaux arts (Volume XIII, année 1862). Bartsch est a consulter aussi (Peintre graveur, Volume XIII), et

surtout Passavant (Peintre graveur, Tome V, page 161). L' Anonimo de Morelli parle de Giulio Campagnola comme d' un miniaturiste au service de la cour de Ferrare. Zani, Otley, Vaagen, Renouard, Ebert, et Panizzi dans son élégant opuscule. « Chi era Francesco da Bologna » (page 15) opuscule aujourdhui devenu si rare, ont aussi traité plus ou moins longuement de la personne et de l' œuvre de ce Maître si recherché et dont Messer Aldo s' etait déclaré si grand admirateur comme vous l'avez pu voir par les dernieres lignes de son testament. »

Pour conclure, nous renvoyons donc à la monographie citée plus haut, avec un plaisir d' autant plus grand que nous mettons très haut l' opinion et les sentimens de M.r Emile Galichon son auteur. Ses belles et consciencieuses études imprimées dans la *Gazette des Beaux arts* sur l' œuvre des anciens maîtres graveurs lui ont valu l' approbation unanime des studieux connaisseurs de l' art au quinzième siècle et au seizième. C' est justice de dire qu' en ces belles matières, ses jugements ont acquis une autorité qui fait le plus grand honneur à sa personne et confirme le grand crédit acquis à la Gazette qu' il rédige avec le concours illustre d' écrivains aussi distingués et spéciaux que le sont M. M. Charles Blanc, Henri Delaborde, Paul de Saint-Victor, Paul Mantz, Lagrange, Edmond et Jules de Goncourt, Philippe Burty, et tant d' autres dont les noms sont inscrits au répertoire de la belle collection si justement appellée le *Courrier Europeeu de l' art et de la curiosite.*

RÉPERTOIRE DES NOMS CITÉS
DANS L'OUVRAGE.

E R R A T A

Page 4, note 5. Au lieu de *janviez* lisez *janvier*
 » 11, ligne 21.   »   *Lorenco* » *Lorenzo*
 » 23, note 1.   »   *le phrase* » *la phras'*
 » 26, » 4.   »   *ehez le*   » *chez le*
 » 30, ligne 3.   »   *il Codice* » *il Culice* (¹).

(1) L'une des *petites œuvres* de Virgile : elles sont au nombre de six imprimées à la suite de l'Énéide dans les éditions complètes: *Culex* ad Ottavianum, *Ciris* ad Messalam, *Catalecta, Copa, Moretum, Hortulus.* Messer Aldo était alors en voyage à la recherche d'un bon manuscrit du petit poëme fantaisiste écrit par Virgile sur le compte du *Culex* autrement dit le *Moustique.*

*

* Page 4, Note. 2. La rédaction de cette note pouvant donner lieu à une interprétation erronée de notre part, il convient de la réformer en disant que Messer Aldo n'a pas en effet publié d'*œuvres complètes* de PLVTARQVE, mais qu'en dehors des quelques biographies telles que la *Vie d'Homère* et la *Vie de Démosthène* imprimées en tête de l'HOMÈRE et du DÉMOSTÈNE, il a publié un volume entièrement composé des PLVTARCHI *Opuscula* dédié à Jacopo Antiquario. Cela dit pour prévenir tout reproche de la part du lecteur ami sincère de l'exactitude en matière d'érudition.

9 782019 136673